Top im Gesundheitsjob

Monika Radecki

Marke »Ich« – Selbstmarketing in Gesundheitsberufen

Mit 17 Abbildungen

Monika Radecki
Humboldtstraße 20
69120 Heidelberg
www.monika-radecki.de

ISBN-13 978-3-642-24930-3   ISBN 978-3-642-24931-0 (eBook)
DOI 10.1007/978-3-642-24931-0

Die Deutsche Nationalbibliothek verzeichnet diese Publikation in der Deutschen Nationalbibliografie; detaillierte bibliografische Daten sind im Internet über http://dnb.d-nb.de abrufbar.

Springer Medizin
© Springer-Verlag Berlin Heidelberg 2012

Dieses Werk ist urheberrechtlich geschützt. Die dadurch begründeten Rechte, insbesondere die der Übersetzung, des Nachdrucks, des Vortrags, der Entnahme von Abbildungen und Tabellen, der Funksendung, der Mikroverfilmung oder der Vervielfältigung auf anderen Wegen und der Speicherung in Datenverarbeitungsanlagen, bleiben, auch bei nur auszugsweiser Verwertung, vorbehalten. Eine Vervielfältigung dieses Werkes oder von Teilen dieses Werkes ist auch im Einzelfall nur in den Grenzen der gesetzlichen Bestimmungen des Urheberrechtsgesetzes der Bundesrepublik Deutschland vom 9. September 1965 in der jeweils geltenden Fassung zulässig. Sie ist grundsätzlich vergütungspflichtig. Zuwiderhandlungen unterliegen den Strafbestimmungen des Urheberrechtsgesetzes.

Produkthaftung: Für Angaben über Dosierungsanweisungen und Applikationsformen kann vom Verlag keine Gewähr übernommen werden. Derartige Angaben müssen vom jeweiligen Anwender im Einzelfall anhand anderer Literaturstellen auf ihre Richtigkeit überprüft werden.

Die Wiedergabe von Gebrauchsnamen, Warenbezeichnungen usw. in diesem Werk berechtigt auch ohne besondere Kennzeichnung nicht zu der Annahme, dass solche Namen im Sinne der Warenzeichen- und Markenschutzgesetzgebung als frei zu betrachten wären und daher von jedermann benutzt werden dürften.

Planung: Susanne Moritz, Berlin
Projektmanagement: Ulrike Niesel, Heidelberg
Lektorat: Dr. Sirka Nitschmann, Werl-Westönnen
Projektkoordination: Barbara Karg, Heidelberg
Umschlaggestaltung: deblik Berlin
Fotonachweis Umschlag: © Vertes Edmond Mihai/Shutterstock
Zeichnungen: Claudia Styrsky, München
Satz und Reproduktion der Abbildungen:
Fotosatz-Service Köhler GmbH – Reinhold Schöberl, Würzburg

Gedruckt auf säurefreiem und chlorfrei gebleichtem Papier

Springer Medizin ist Teil der Fachverlagsgruppe Springer Science+Business Media
www.springer.com

Vorwort

Tue Gutes und rede darüber – das ist eine alte Weisheit, die Sie konkret auf Ihren Berufsalltag anwenden können. Viele denken, dass ihre Arbeit ihre Qualitäten ausreichend dokumentiert. Das trifft zu einem Teil auch zu. Aber vielleicht haben Sie auch schon erlebt, dass eine Kollegin, die eine vergleichbare Leistung wie Sie erbringt, scheinbar mühelos neben Ihnen auftrumpft und gerade auf eine interessante Weiterbildung geschickt wird. Was hat sie anders gemacht? Möglicherweise beherrscht sie das Marketing in eigener Sache besser und hat andere so von ihrer Leistung wissen lassen, dass diese sie jetzt wahrnehmen und fördern.

In diesem Buch lernen Sie, was Sie konkret tun müssen, damit es Ihnen ab heute so geht wie Ihrer Kollegin. Dazu sind mehrere Schritte erforderlich, die Sie in Übungen kapitelweise erlernen:

- Stellen Sie Öffentlichkeit in eigener Sache her: Bringen Sie immer wieder ins Gespräch, was an Ihnen und Ihrer Leistung wichtig ist.
- Beschränken Sie sich auf verständliche Botschaften.
- Erkennen und nutzen Sie geeignete Momente für Selbstmarketing.
- Streben Sie eine Kommunikation an, die den Nutzen der oder des anderen mit berücksichtigt und die auf Austausch ausgerichtet ist (»Zwei-Wege-Kommunikation«).
- Stellen Sie geeignete Kontakte her und pflegen Sie sie.

Dieses Buch ist das Ergebnis vielfältiger Seminare, die ich zu diesem Thema gehalten habe. Ich möchte dazu beitragen, dass Menschen ihre Potenziale erkennen und entfalten. In Seminaren kann ich auf Fragen und Einzelfälle eingehen. Als Autorin führe ich einen stummen Dialog mit dem Leser. Sollten Sie Fragen und Anregungen zu diesem Buch haben, schreiben Sie mir. Ich freue mich auf Ihr Feedback.

Mein herzlicher Dank geht an erster Stelle an die bisherigen Seminarteilnehmerinnen und -teilnehmer, die dem Thema und mir Interesse und Vertrauen entgegengebracht haben. Bedanken möchte ich mich auch für die wertvolle Textberatung der Probeleser Albert Hutzl, Thomas Schwonke-Hilschert, Dr. Ulrich Wiek, Ursula Hecker und Ivonne Domnick; bei Frau Moritz, die sich im Verlag für die Idee zu diesem Buch begeistern ließ und es motivierend begleitete; bei Frau Niesel für das umsichtige Projektmanagement; bei Frau Nitschmann für das professionelle Lektorat; bei Frau Karg für die angenehme Projektkoordination und bei Frau Styrsky für ihre Freude am Illustrieren.

Monika Radecki, Heidelberg, April 2012

Über die Autorin

Monika Radecki (www.monika-radecki.de) ist Kommunikationsberaterin in den Bereichen Selbstmanagement, Führung und Team; ihre Themen sind z. B. Neinsagen, Verhandlungsführung, Teamentwicklung … und natürlich Selbstmarketing, das Thema dieses Buches. Sie begleitet Einzelpersonen, Teams und Gruppen als Trainerin, Coach und Autorin.

Inhaltsverzeichnis

1	**Selbstmarketing – wozu?**	3
1.1	Rücken Sie Ihren Erfolg ins rechte Licht	3
1.2	Ihre Arbeit, Ihre Leistung, Ihre Grenzen	4
2	**Wie machen es andere?**	7
2.1	Selbstmarketing? Muss das wirklich sein?!	7
2.2	Werbung	9
2.3	Pressearbeit	11
2.4	Selbstmarketing: Werbung und Presse für sich nutzen	12
3	**Marke »Ich«**	14
3.1	Stärken-Schwächen-Analyse: Das zeichnet Sie aus	14
3.2	Zielbestimmung	21
3.3	Über die eigene Leistung sprechen	32
4	**Entwickeln Sie eine effiziente Strategie**	44
4.1	Aktions- und Ergebniskontrolle	46
4.2	Strategien für den Alltag	51
5	**Professionell kommunizieren**	57
5.1	Kommunikationswege und -medien	59
5.2	Welcher Weg für welchen Anlass?	63
6	**Ihre »Kunden«: Prioritäten setzen**	69
6.1	Zielgruppen identifizieren	71
6.2	Prioritäten analysieren	74
6.3	Ansprache vorbereiten	76
6.4	Die Techniken nutzen wie ein Profi	81

7	**Selbstmarketing als Ressource in Konflikten und Verhandlungen**	84
7.1	Marke »Ich« im Konfliktmanagement	85
7.2	Marke »Ich« in der Verhandlungsführung	91
8	**Ihr Nutzen: zusammengefasst**	97
9	**In aller Kürze**	100

Literatur 101

Stichwortverzeichnis 103

Kennen Sie das?

Anna Pauls, 36, ist Stationsleiterin mit einem Team von 27 Mitarbeitern geworden. Fachlich steht ihre Eignung außer Frage. Sie selbst ist aber gelegentlich unsicher, was von ihr als Führungskraft erwartet wird. Einerseits sind Leute im Team, die seit 20 Jahren im Job sind – da stellt sich die Generationenfrage. Dann ist ein Mitarbeiter dabei, der regelmäßig und länger krank ist – etwas, das ihr persönlich fremd ist. Und dann gibt es noch die anderen Berufsgruppen, von denen sie in ihrer neuen Funktion anders angesprochen wird als bisher und vor denen sie eine andere Haltung einnehmen muss, um sich durchzusetzen und für ihr Team einzutreten – Ärzte verschiedener Hierarchiestufen, die Pflegedienstleiterin ...

Per Zufall liest sie etwas über Selbstmarketing und kommt auf die Idee: Es reicht nicht, dass ich meine Arbeit gut mache und meine Leute mag, dass das Wohl der Patienten mein wichtigstes Ziel ist und ich ein bisschen stolz bin, in dieser Klinik zu arbeiten. Ich muss auch zeigen, was ich zu bieten habe – als Person, als Funktionsträgerin, als Repräsentantin meiner Klinik.

Am Ende weiß Anna Pauls, dass Selbstmarketing bedeutet, nicht »ihre Seele zu verkaufen«, sondern ihre Arbeit auch an der Perspektive ihrer »Kunden« auszurichten: Sie bietet ein definiertes, erkennbares, exzellentes Produkt. Das hilft ihr, sich abzugrenzen. Das hilft ihr aber auch, ihrem Team eine klare Botschaft zu vermitteln, wofür sie als Leitung steht, dass sie für das Team eintritt und für andere Berufsgruppen mit ihrem Team eine verlässliche Fachfrau ist – zum Wohl für die Patienten. Sie ist stolz auf ihre Entdeckung, dass sie selbst »eine Marke« ist, die etwas wert ist und die man braucht.

Übrigens teilt sie ihr neues Wissen mit zwei Freunden: Ute Klump, 23, ist Arzthelferin – sie kann mit dem Wort »Selbstmarketing« zwar wenig anfangen, mit den Ideen und Strategien aber sehr wohl, und so setzt sie die Methode seither für ihre Arbeit in einer gynäkologischen Praxis ein. Thomas Berger, 42, ist selbständiger Krankengymnast und beginnt, mehr (Selbst)Bewusstsein zu entwickeln, wie viel seine Leistung für seine Kundinnen und Kunden wert ist.

Selbstmarketing – wozu?

1.1 Rücken Sie Ihren Erfolg ins rechte Licht

Haben Sie sich schon mal gefragt, warum Sie arbeiten? Und sind Sie dabei mit Ihrer Leistung sichtbar? Dieses Buch zeigt Ihnen, wie Sie Werbung in eigener Sache machen und wie Sie lernen, Ihre Stärken zu kommunizieren. Sie definieren klare Botschaften über sich und Ihre Leistung, identifizieren die passenden Adressaten und entdecken neue Wege, um Ihre Persönlichkeit, Ihre Leistung und Ihren Erfolg ins rechte Licht zu rücken. Das funktioniert übrigens auch für eine Gruppe, z. B. wenn Sie Marketing für Ihr Team oder Ihren Berufsstand machen möchten.

Das Thema »Marke Ich. Selbstmarketing in Gesundheitsberufen« ist ein sensibles Thema, denn Sie müssen sich mit sehr persönlichen Fragen auseinandersetzen:

- Wo stehen Sie – in Ihrer Funktion im Gesundheitsjob (ggf. als Führungskraft)?
- Was sind Sie »wert«?
- (Wie) Können Sie das sichtbar machen?
- Wie können Sie das auf eine Weise tun, die Ihrer persönlichen Art entspricht?

Wie Sie dieses Buch lesen können

Sie können das Ganze einfach auf sich wirken lassen. Optisch hervorgehoben finden Sie Anregungen, Fallbeispiele und Übungen. Zugegeben: Wer tiefer in das Thema einsteigen möchte, könnte vielleicht über einige Fachbegriffe aus dem Marketing ins Schwitzen kommen. Versuchen Sie dann eigene Beispiele zu finden und die Begriffe für sich umzuformulieren.

Eine Autorin wünscht sich, dass ein Leser ihr Buch mehr als einmal in die Hand nimmt: Idealerweise zuerst zum Lesen und dann zum Durcharbeiten. Sollte das für Sie unrealistisch sein, so möchte ich Sie einladen, sich beim Lesen Zeit zu lassen und zu überlegen, wie Sie das eine oder andere für sich nutzen können. Die Personen, die Sie in diesem Buch kennen lernen, werden Ihnen übrigens nie begegnen: sie sind frei erfunden.

1.2 Ihre Arbeit, Ihre Leistung, Ihre Grenzen

Vielleicht ist Ihre To-do-Liste regelmäßig so lang, dass Sie in ein passives Abarbeiten verfallen. Sie schütten all Ihr Herzblut in Ihre aktuelle Aufgabe, in die Teamarbeit, in den Gesamterfolg ... und Sie vergessen darüber die eigenen Ziele.

Es kommt noch schlimmer: Termindruck ist die Regel, ein Notfall ist komplizierter als erwartet, das Budget zwingt zu Einschränkungen, eine zusätzliche Dienstanweisung erhöht den Zeitdruck, ein Angehöriger will besondere Beachtung der Bedürfnisse eines Patienten ... Und schon versinken Sie noch tiefer in Ihren Arbeitsbergen und sind auf den ersten Blick v. a. eins: abgetaucht. Sie sind mit Ihrem persönlichen Einsatz nicht mehr sichtbar. Sie müssen aber sichtbar sein, wenn Sie:

- gut verdienen wollen,
- spannende Projekte stemmen wollen,
- Bedingungen mitbestimmen wollen,
- innerhalb gegebener Strukturen eine erkennbare Position einnehmen wollen,
- Ihren Marktwert testen und stabilisieren wollen,
- für Ihr Team und Ihr Unternehmen das Optimum erwirtschaften wollen.

Der Alltag ist oftmals so vielfältig und vollgepackt, dass man manchmal versäumt, Marketing in eigener Sache zu machen. Ich lenke Ihre Aufmerksamkeit zunächst ein wenig weg von Ihrem Arbeitsalltag und zeige Ihnen, wie Profis aus Werbung und Presse Marken entwickeln und positionieren. Sie finden Anregungen, wie Sie sich diese Herangehensweise der Profis spielerisch aneignen können, und werden eine neue Art entwickeln zu zeigen, was Sie selbst zu bieten haben, was Sie über Ihre Leistung zu sagen haben und wie Sie selbst zu einer Marke werden.

Keine Sorge:
Sie werden nicht lernen, marktschreierisch etwas anzubieten, was Sie nicht sind. Sondern Sie werden zu Profis, die nicht nur ihre Arbeit machen, sondern die geeignete Situationen erkennen und die selbstbewusst steuern, was andere von Ihnen mitbekommen.

Typsache?
In Seminaren begegne ich (grob gesprochen) zwei Gruppen von Teilnehmern.
- Die einen zeigen ein extrovertiertes Verhalten. Sie sind stark im Präsentieren und Machen. Sie wenden Selbstmarketing oft schon an, sind sich aber der Methode dahinter nicht bewusst – sie können lernen, sich ihren persönlichen Auftritt bewusster zu machen und ihn ggf. in den Dienst anderer zu stellen oder andere zu motivieren, dieses Wissen für sich zu nutzen.
- Die andere Gruppe zeigt ein eher introvertiertes Verhalten. Sie ist stark im Reflektieren und Bedenken. Sie hat gegenüber dem Thema Selbstmarketing gewisse Vorbehalte, weil sie es nicht so mag, im Vordergrund zu stehen. Da ihr ihre Zurückhaltung oft bewusst ist, kann sie lernen, ihre eigene Art des Selbstmarketings zu entwickeln und den Mut aufzubringen, sichtbarer zu werden.

Typisierungen bilden nie vollständig die Wirklichkeit ab – und dennoch: Sollten Sie als Leser sich in der einen oder anderen Gruppe wiederfinden, dann fühlen Sie sich bitte eingeladen, dieses Buch so zu nutzen, wie es Ihnen entspricht.

> **☺ Übung**
>
> Versuchen Sie in ein oder zwei Sätzen zu sagen, wofür Sie stehen. Stellen Sie sich hin, und sprechen Sie in den Raum, indem Sie die folgenden Satzanfänge vervollständigen:
> - »*Ich stehe bei meiner Arbeit für …*«
> - »*Bei meiner Arbeit begeistert mich …*«
> - (Für Führungskräfte: »*Führung ist für mich …*«)

Trauen Sie sich! Wenn Sie neue Verhaltensweisen entwickeln wollen, müssen Sie gewohnte verabschieden und neue Wege beschreiten. Sie können diese Übung (und die folgenden Übungen) in Gedanken durchspielen. Besser: Notieren Sie sich Ihre Überlegungen in dieses Buch oder auf ein Blatt Papier. Noch besser: Sprechen Sie sie laut aus. Die Erfahrung wird für Sie deutlicher sein und Sie hören sich sozusagen selbst zu.

Fazit
Werden Sie aufmerksam für Situationen, die sich eignen, mit Person und Leistung sichtbar zu werden. Entwickeln Sie eine klare Haltung zu Ihrer Leistung, positionieren Sie sich selbstbewusst innerhalb Ihres Systems, und halten Sie bei Bedarf Botschaften über sich bereit. Die erste Übung kostete ein wenig Überwindung.
- Inhalt: Ich muss mir klar machen, was ich überhaupt sagen will.
- Kurz: Ich bin beschränkt auf eine pointierte Botschaft.
- Selbstbewusst: Ich stehe ein bisschen blöd da, laut mit mir allein sprechend, und fühle mich nicht ganz wohl.

Nutzen Sie Situationen wie diese und lernen Sie hinzu.

Wie machen es andere?

Was Sie in diesem Kapitel erwartet

Es gibt Profis, die es schaffen, uns so aufmerksam für ein Produkt zu machen, dass wir den entsprechenden Slogan unter der Dusche singen. Und es gibt Profis, zu deren Geschäft es gehört, Informationen auf eine Weise zu vermitteln, dass man ihnen vertraut: den Profis wie den Informationen. In diesem Kapitel erfahren Sie vom Expertenwissen der Werbe- und Pressefachleute und können anschließend entscheiden, welche der Strategien Sie in eigener Sache nutzen wollen.

2.1 Selbstmarketing? Muss das wirklich sein?!

Sie finden es prahlerisch, Ihre eigenen Stärken hervorzuheben? Sie sind Superwoman, Superman auf den zweiten Blick? Dann sind Sie damit in bester Gesellschaft. Viele Menschen meinen, ihnen stünde nicht zu, zu sagen, was sie gut an sich finden. Und sie können trotzdem lernen, wie man die eigene Leistung zielgerichtet präsentiert, ohne das Innerste nach außen zu kehren.

Wie machen Profis Marketing? Wie wird aus einem bisher unbekannten beliebigen Produkt Ihr Lieblingsprodukt, das Ihr Leben angenehmer macht und das Sie nicht mehr missen möchten?

Marketingfachleute verstehen sich darauf, eine bunte Parallelwelt rund um ein Produkt zu erschaffen. Sie geben Ihnen sogar eine klare Vorstellung von dem, was Ihr Lieblingsprodukt kostet – was es »wert« ist; sie schaffen es also, dass Ihnen ein Produkt zum Lieblingsprodukt wird **und** Ihnen lieb und teuer ist.

Überlegen Sie einmal, welche Markenprodukte Sie kennen. Nivea-Creme, Mars-Schokoriegel, Tchibo-Kaffee, Schweizer Taschenmesser … Welchen Nutzen verbinden Sie damit? Kennen Sie einen
▼

Slogan zum Produkt? Wissen Sie gleich, wie es aussieht? Und was Sie dafür ausgeben würden? Oder spielt der Preis fast keine Rolle? Die Produkte sind mit klaren oder zumindest einprägsamen Botschaften verbunden, mit Produktaussagen, die ein ganz bestimmtes Lebensgefühl vermitteln. Wie schaffen die Marketingexperten es, dass Ihnen ein bestimmtes Produkt vor Augen, im Ohr, in der Nase ist, nur weil Sie dessen Namen lesen? Und wächst in Ihnen die Neugier, wie das geht, ebenso erkennbar für eine bestimmte »Öffentlichkeit« zu werden, z. B. für Vorgesetzte, Mitarbeiter, Kunden?

Wir bewegen uns in einem Arbeitsmarkt, in dem der Einzelne wichtig ist, auf dem Einzelne aber auch mehr oder weniger austauschbar zu sein scheinen. Es gibt übergeordnete Zielvorgaben, einen »Markt«, Konkurrenz, Zwänge, Termindruck, Budgets müssen eingehalten, Kosten kalkuliert werden. Also, keine Zeit für Selbstmarketing? Von wegen! Nehmen Sie sich Werbe- und Pressefachleute zum Vorbild, die nie aus den Augen verlieren, wann, wie und wem sie etwas präsentieren.

Wie bewusst ist Ihnen im Alltag, dass Sie in Ihrem Gesundheitsfachberuf dauernd sichtbar sind? Und dass Sie dabei etwas zu bieten haben, nämlich Ihre Leistung, Ihre Persönlichkeit oder auch die Leistung Ihres Teams, Ihres Berufsstands?

Als Mitarbeiter z. B. einer Praxis oder Klinik sind Sie sichtbar für Patienten, Angehörige, Kollegen, Ärzte. Und sollten Sie eine Leitungsfunktion ausüben, stehen Sie sogar unter Dauerbeobachtung: Ihr Umfeld hat Sie mehr oder weniger wohlwollend im Blick. Mit der Methode des Selbstmarketings definieren Sie, womit Sie sichtbar sein wollen – was Sie »verkaufen« wollen. Steuern Sie selbst, was beim anderen ankommt und welche Botschaften er mit Ihnen verbindet, wenn er an Sie, Ihr Team, Vertreter Ihres Berufes denkt (◘ Abb. 2.1).

 Abb. 2.1 Selbstmarketing

2.2 Werbung

Werbung ist ein Teil des Marketings, welches sein professionelles Handeln darauf ausrichtet, die Bedürfnisse und Erwartungen der Kunden kennen zu lernen und zu befriedigen. Sein Ziel ist, kurz gesagt, den Absatz eines Produkts zu erhöhen.

Um das zu erreichen, wird das »Konkurrenzumfeld« eines Produkts oder Angebots analysiert, und im Anschluss daran werden die hervorstechenden attraktiven Eigenschaften des Produkts herausgearbeitet: Die Marke wird definiert und »positioniert«. Dabei beachtet man, wen man anspricht. Marketingfachleute bewegen sich in der Sprache ihrer Zielgruppe – in Worten und in Bildern. Eine Bierwerbung zeigt junge Menschen am Strand, die aufs Meer hinausschauen, lockere Atmosphäre unter Freunden, alles ohne Worte, bis auf den Slogan und die Nennung der Marke. Ein Schokoladenriegel machte früher mobil, heute gibt er Gas. Das ist stark! Werbung spricht eine starke Sprache: Die Sprache der Werbung verkürzt die Botschaft auf wenige Worte. Indem Werbetexter Fakten zielgerichtet auswählen und auf diese Weise vorgehen, was wichtig ist, entsteht eine »Wirklichkeit«, ein »Wert« wird erzeugt, eine Marke entsteht.

Ein Schokoladenriegel wird seit vielen Jahren damit beworben, dass er mobil macht. Gut ist offensichtlich, was vertraut ist. Das Bild: Man greift gerne zu, weil das Produkt für dynamische, sportliche Menschen steht. Der Eindruck von etwas Neuem wird durch veränderte Packungsgrößen erweckt, Riegel mit kleinerer und größerer Grammzahl. Mit den Schwächen des Produkts – nämlich mit der üppigen Kalorienzahl – wird natürlich nicht geworben, obwohl sie auf der Verpackung steht.

Ein Trailer zeigt die Kurzfassung eines Films. Der Inhalt dient als Pool für Schlagworte, die die Menge begeistern: etwas Schlägerei, etwas Liebe, etwas Drama, … Ziel ist es nicht, den Inhalt des Films nachzuerzählen. Ziel ist es, viele Menschen mit kleinen Appetithäppchen zu animieren, sich den neuen Film im Kino anzuschauen. Fühlen Sie sich manipuliert oder verzeihen Sie die ungenaue Zusammenfassung zugunsten der guten Unterhaltung?

Werbefachleute haben einen Vorteil: Sie können mit Umfragen und Umsatzanalysen den Erfolg ihrer Bemühungen direkt messen. Ob sie den Kundengeschmack getroffen haben, zeigen ihnen die Umsatzzahlen. Eine Shampoo-Firma kann z. B. direkt beobachten, ob eine Fernsehwerbung, für die sie eine attraktive Schauspielerin verpflichtet hat, ein Erfolg ist oder nicht.

Auf den Münchener Berater Dieter Banzhaf [2] geht der Satz zurück: »*Der Segen liegt nicht im guten Produkt, der Segen liegt im gut verkauften guten Produkt.*« Das muss man sich einen Moment auf der Zunge zergehen lassen. Besonders wenn man zu denen gehört, die mit Herzblut gute Arbeit leisten und manchmal etwas frustriert sind, weil die Anerkennung ausbleibt oder nicht so ausfällt, wie man sie sich erhofft. Nein, Sie sollen sich nicht verkaufen. Und Sie sollen auch nicht gute Wirkung mit guter Qualität gleichsetzen. Behalten Sie Ihre Wertmaßstäbe und Ihre persönliche Art. Aber Sie könnten es ab heute – ein stückweit zumindest – mit einer alten Verkaufsweisheit halten: »*Der Wurm soll nicht dem Angler, sondern dem Fisch schmecken.*«

2.3 Pressearbeit

Auch Pressearbeit gehört zum Marketing. Sie ist Teil der sog. »Public Relations«, d. h. dem professionellen Informieren und Kontaktherstellen der Öffentlichkeit. Hauptziel ist ein strategischer Aufbau von Beziehungen zu Medien, Kunden oder Interessengruppen. Die Öffentlichkeit soll ein konkretes Bild eines Angebots oder Produkts (der »Marke«) erhalten; sie soll mit der Marke z. B. ein verlässliches Profil verbinden.

Die Strategien der Pressearbeit werden all jenen entgegen kommen, die es eher »leise« mögen. Im Fokus stehen hier die Fakten. Die Bewertung der Güte der Information wird dem Gegenüber überlassen: Die Pressearbeit liefert Informationen und das Gegenüber oder die Öffentlichkeit darf sich selbst eine Meinung darüber bilden. Man setzt auf verlässliche Botschaften und Kommunikation – und erzeugt so Vertrauen. Das gelingt nur durch kontinuierlichen Kontakt und durch Kooperationsbereitschaft. Man ist an Feedback interessiert, will Aufmerksamkeit und Interesse wecken, Sympathie und Vertrauen gewinnen. Man vermittelt zwischen Kunden und Marke. Der Nachteil der Pressearbeit ist ihr nicht unmittelbar messbarer Erfolg.

Die Presseabteilung eines Verlags versendet eine Pressemitteilung über ein neu erschienenes Buch an Zeitschriftenredaktionen. Sie stellt Informationen über den Inhalt, den Autor sowie Bildmaterial bereit. Wie und ob die Redaktion die Mitteilung veröffentlicht, ist ihr freigestellt; darauf nimmt die Pressearbeit im Verlag keinen Einfluss. Wichtig ist aber, dass die Redaktion weiß: Die Presseabteilung hält mich auf dem Laufenden, damit ich keinen wichtigen Titel verpasse; ihre Informationen sind für meine Zielgruppe prinzipiell relevant.

2.4 Selbstmarketing: Werbung und Presse für sich nutzen

Haben Sie inzwischen Lust bekommen, Imagebildung in eigener Sache zu betreiben? In den folgenden Kapiteln lernen Sie die vorgestellten Arbeitskonzepte aus Werbung und Presse auf Ihren Alltag zu übertragen:

- Schaffen Sie Fakten über sich und die eigene Leistung.
- Beschränken Sie sich auf verständliche Botschaften.
- Erkennen Sie geeignete Momente für Selbstmarketing.
- Nutzen Sie Feedback und prüfen Sie, ob das, was Sie anbieten, für den anderen faktisch ein Gewinn ist.
- Stellen Sie Kontakte her und pflegen Sie sie verlässlich.
- Entwickeln Sie eine starke Marke, der man vertrauen kann.

»Aber« und »und«: Bleiben Sie sie selbst! Selbstmarketing ist keine Methode, um Sprüche zu klopfen oder etwas vorzugeben, was Sie

■ Abb. 2.2 Bleiben Sie sie selbst!

nicht sind und nicht leisten können (◘ Abb. 2.2). Die erfolgreiche Selbstdarstellung Ihrer Person und Ihres Angebots können Sie auch nicht verordnen. Jemand wird das, was Sie von sich, Ihrem Team, Ihrem Haus, Ihrem Berufsstand … sagen, nur dann behalten und bereitwillig weitertragen, wenn ihm das nutzt, was Sie ihm bieten, oder wenn es Ihnen gelungen ist, ihn einzubeziehen, ihn »mitzumeinen«, ihn mit Ihrer Marke zu begeistern.

Fazit
Selbstmarketing ist keine Lebensregel, sondern sie ist ein methodisches Vorgehen, mit dem Sie mitbestimmen, wie Sie auf andere wirken. Werbung und Presse stehen Ihnen hierbei als plakative Ideengeber zur Verfügung. Die Einladung lautet: Nutzen Sie beide Wege – lautes wie dezentes Vorgehen. Schaffen Sie Fakten über sich und die eigene Leistung. Beschränken Sie sich auf verständliche Botschaften. Erkennen und/oder schaffen Sie geeignete Momente für die Präsentation. Holen Sie Feedback ein, wo angemessen und sinnvoll. Und schaffen, priorisieren und pflegen Sie Kontakte – nicht wahllos und aus dem Bauch heraus, sondern zielgerichtet – damit Ihr Umfeld weiß: Was Sie zu bieten haben, hat Hand und Fuß.

Marke »Ich«

Was Sie in diesem Kapitel erwartet
Wer Marketing in eigener Sache machen will, aber nicht weiß, wo anfangen, sollte wissen, was genau seine/ihre Stärken sind – denn diese kann man frohgemut zeigen. Mit Stärken kann man sogar hausieren gehen. In diesem Kapitel erstellen Sie wie ein Marketingprofi ein Stärken-Schwächen-Profil. Aus diesem leiten Sie die Ziele für Ihr Selbstmarketing ab und finden »Werbebotschaften«, die sich jeder gleich merken kann. Am Ende dieses Kapitels geht es Ihnen leicht von den Lippen: Meine Leistung hat Markenqualität.

3.1 Stärken-Schwächen-Analyse: Das zeichnet Sie aus

Reden Sie gern mit jemandem, von dem Sie wissen, dass er zehn Minuten lang jammern wird, wenn Sie fragen, wie es ihm geht? Oder der mit einer Miene durch die Gänge läuft, die sagt: »*Sprich mich bloß nicht an; ich habe so viel zu tun*«?

Wir umgeben uns gern mit Menschen, die erfolgreich sind. Das gilt nicht nur für klassischen Erfolg: Bildung, Attraktivität, eine beliebte Persönlichkeit. Das kann auch jemand sein, der Beruf und Erziehung gut hinkriegt. Jemand, der nach langer Krankheit wieder in den Job eingestiegen ist und zeigt, was er kann. Jemand, der umgeschult hat und, obwohl er noch Vieles aufholen muss, positiv gestimmt und engagiert ist.

Erfolg ist nicht für bestimmte Typen reserviert. Zwar sind Menschen, die sich dominanter verhalten oder sich besser in den Mittelpunkt stellen können, auf den ersten Blick sichtbarer. Menschen, die analytisch arbeiten oder sich um das Wohl des Teams kümmern, sind aber auf ihre Weise genauso erfolgreich, sie spielen sich nur nicht dauernd in den Vordergrund. Erfolg hat nur z. T. mit äußerer Bewertung zu tun – sobald jemand ganz er selbst ist, hat er eine Haltung, eine Ausstrahlung, die »stimmt«.

Was bedeutet das für den Kontext Selbstmarketing? Angenehm und informativ ist es für viele von uns, mit jemandem zu sprechen, der innerhalb verschiedener Anforderungen ausgeglichen ist, der sein Ding macht und dabei noch mit beiden Beinen fest auf dem Boden steht. Sehen Sie das für sich genauso? Dann finden Sie Ihre ganz persönliche Art der erfolgreichen Haltung und Ausstrahlung, die es Ihnen erlaubt zu zeigen (mit und ohne Worten): Hier ist mein professionelles Angebot.

> **☺ Übung**
>
> Überlegen Sie einen Moment: Wo stehen Sie – als Mensch, als Führungskraft, als Mitarbeiter – innerhalb Ihrer Organisation? Welches Ziel könnten Sie entwickeln, wenn es darum geht, dass Sie mit Ihrer Person und mit Ihrer Leistung (auch: als Team, als Berufsstand, als Haus …) sichtbar sind? Was hätten Sie gern, was andere über Sie und Ihre Leistung sagen? Was können Sie über sich und Ihre Leistung so sagen, dass sie beim anderen ankommt und hängenbleibt?

Werbeprofis machen sich Gedanken über die Stärken des Produkts, das sie bewerben wollen. Auch Sie können lernen, Ihre Stärken an einer Öffentlichkeit orientiert zu definieren und zum Ausdruck zu bringen. Dazu ist für manche Menschen wichtig zu trennen, was sie oder ihn privat ausmacht und womit sie oder er im Job glänzt. Eher extrovertierte Menschen teilen ihre Begeisterung über Ereignisse und Erfolge gerne mit anderen – und machen nicht weiter ein Thema daraus, dass ihnen anderes nicht gelingt. Introvertierte Menschen können sich und andere gut einschätzen, wissen ihre Stärken aber nicht so schnell auf den Punkt zu bringen. Ihnen liegt es eher zu sagen, wo sie sich entwickeln könnten. Diesen Menschen hilft es, sich darauf zu besinnen, was Freunde, die Chefin, der Kollege, ein Mitarbeiter spontan über sie sagen, wenn sie gefragt werden. Damit haben sie einen Ansatzpunkt, stolz zu sein auf etwas, was für sie selbst selbstverständlich ist, für andere aber offenbar als Stärke wahrgenommen wird.

Wer sind Sie privat? Wer sind Sie im Job?

Egal, ob wir privat oder dienstlich unterwegs sind – wir bewegen uns in unterschiedlichen Kontexten. Im Job sind wir z. B. gleichzeitig Privatperson, Pflegeperson, Repräsentant einer Station bzw. eines Unternehmens. Man spricht dabei auch von »sozialen Rollen«. Jede Rolle steht in Zusammenhang mit einer persönlichen Reaktion auf die spezifische Umwelt. Sie wird durch ein für Sie in diesem Kontext starkes (»typisches«) Verhalten sichtbar. Im Folgenden richten Sie Ihre Aufmerksamkeit auf Ihre Stärken im Job.

Karsten Strauß, 43, ist stellvertretender Stationsleiter einer Fachabteilung des städtischen Krankenhauses. Zu seinem Team gehören 25 Leute. Zu seinen Stärken im Job zählt er, dass er verlässlich ist, sich für eine gute Stimmung im Team einsetzt und bei Engpässen selbst mit anpackt. Diese Stärken hat er auch privat. Er kümmert sich mit um die pflegebedürftige Mutter seiner Partnerin, organisiert einmal im Jahr mit drei Nachbarn das Straßenfest. Seine Stärken privat wie beruflich sind also ähnlich. Seine Schwächen gesteht er sich nur widerwillig ein. Privat verzettelt er sich oft und zieht sich bei Stress zurück. Beruflich macht er zu viele Überstunden und ist sauer, wenn ihm die Pflegedienstleistung diese ausbezahlen will, weil er Zeitausgleich wünscht – den er aber seit Monaten nicht nimmt.

Sandra Kraus, 34, ist als Krankengymnastin seit einem halben Jahr Verstärkung in einer kleinen Praxis in der Vorstadt. Zu ihren Stärken im Job zählt sie ihre Methodenvielfalt und ihr gewissenhaftes Interesse an einem ganzheitlichen Vorgehen. Die Patienten wissen das zu schätzen und zahlen dafür auch privat. Zuhause ist sie total anders. Da geht ihr Freundeskreis vor und für eine spontane Grillparty lässt sie auch mal alles stehen und liegen. Ihre wunden

▼

3.1 · Stärken-Schwächen-Analyse

Punkte kennt sie gut: Im Job ist sie so engagiert und genau, dass sie auch mal aus Überlastung krank wird. Wenn es stressig wird, vernachlässigt sie ihre Wohnung, lässt fünf gerade sein und in ihrem Kühlschrank stehen dann manchmal nur noch eine Packung Diätmargarine und ein angebrochenes Glas grünes Pesto.

Ihre persönlichen und beruflichen Stärken – das sind die Stellen, an denen Sie Ihr Selbstmarketing ansetzen können. Bei Stress im Job ist es wichtig, dass Sie Privatleben und Beruf trennen können. Das ist in der Imagebildung und -pflege oft angemessen und zielführend. Dennoch sind Sie erst dann glaubhaft und stark, wenn Sie zwischen diesen beiden Lebensbereichen nicht nur unterscheiden, sondern auch einen guten Ausgleich herstellen können – und wenn Sie wissen, wo Sie stark sind.

Viele Menschen meinen, sie könnten Schwächen unter den Tisch kehren – auch vor sich selbst. Das ist tückisch – denn unbeachtete private Schwächen äußern sich z. B. letzten Endes in Krankheiten. Und Schwächen im Job sind nie so geheim, wie man es sich wünscht.

Deshalb: Neben der Trennung zwischen Privatem und Beruflichem ist die Trennung zwischen Stärken und Schwächen wichtig. Schwächen Sie Ihre Schwächen und stärken Sie Ihre Stärken:

- Private Schwächen sollten Sie kennen und sich um sie »kümmern«. Holen Sie sich Unterstützung, aber nehmen Sie Ihre Schwächen nicht zu ernst. Im Beruf sollten Sie Ihre privaten Schwächen möglichst nicht sichtbar werden lassen: Gleichen Sie sie »heimlich« aus, d. h. behandeln Sie sie wie eine Privatangelegenheit.
- Berufliche Schwächen sollten Sie kennen und sich ebenfalls um sie kümmern. Sprechen Sie mit der Personalentwicklerin, dem Chef, der Kollegin – holen Sie sich Feedback und nutzen Sie es. Geben Sie Ihren beruflichen Schwächen aber nicht zu viel Raum.
- Private Stärken sollten Sie genau kennen und sie sichtbar machen. Mit privaten Stärken kommen Sie auch im Job gut an.

- Berufliche Stärken sollten Sie genau kennen und andere bei Gelegenheit wissen lassen, dass Sie sie besitzen. Kommunizieren Sie sie aktiv.

> **☺ Übung**
>
> Erstellen Sie Ihr Stärken-Schwächen-Profil (◘ Tab. 3.1). Überlegen Sie, welche persönlichen Stärken Sie mitbringen und im Privaten und im Job zeigen. Fragen Sie sich auch, welche persönlichen Schwächen Sie mitbringen. Stärken sind Ihre Kraftquelle. Sie könnten Ihren Partner, Ihre Chefin, Ihre Mitarbeiterin, Ihren Lieblingskollegen nach Ihren Stärken fragen. Sie können sich aber auch selbst die Frage beantworten: Was an Ihnen macht Sie stolz?
>
> ◘ **Tab. 3.1** Stärken-Schwächen-Profil
>
> | Meine persönlichen Stärken im **Privaten** | Meine persönlichen Stärken im **Job** |
> |---|---|
> | _____ | _____ |
> | _____ | _____ |
> | _____ | _____ |
> | _____ | _____ |
>
> | Meine Schwächen (Probleme) im **Privaten** | Meine Schwächen (Probleme) im **Job** |
> |---|---|
> | _____ | _____ |
> | _____ | _____ |
> | _____ | _____ |

Und? Wie sieht Ihr Ergebnis aus? Manche Menschen sehen anhand dieser Analyse, dass sie im Job wie im Privaten die gleichen Stärken einsetzen. Andere merken, dass sie je nach Kontext sehr unterschiedlich sind. Wieder andere haben noch nie darüber nachgedacht und finden zunächst nicht für jedes der vier Felder etwas.

Es bedarf ein bisschen Übung, ein solches Profil zu erstellen. Wir müssen verinnerlichen, dass persönlicher und beruflicher Bedarf verschiedene Dinge sind. Wenn wir zu viel Persönliches in den Job transportieren, machen wir uns angreifbarer, sind wir weniger klar. Und vielleicht weniger professionell. Vielleicht sind wir überidentifiziert und in der Gefahr eines Burnouts, wenn wir nicht trennen, was wir privat einsetzen, obwohl es um eine dienstliche Fragestellung geht. So gesehen ist Selbstmarketing auch der Schlüssel zum Verständnis von Stress- und Selbstmanagement (▶ Top im Job: »Nicht ärgern, ändern«; [20] und »Und jetzt Sie«; [21]).

Torsten Meyer, 39, ist nach mehreren beruflichen Stationen seit knapp zwei Jahren im zentralen Patientenmanagement tätig. Er ist kreativ und geduldig, kommt bei den Leuten gut an. Allerdings findet er auch manchmal unkonventionelle Lösungen – er braucht diese kleine persönliche Freiheit. Das weiß er von sich, das wissen die anderen von ihm. Als er einen neuen Chef bekommt, stellt ihn dieser in den ersten Mitarbeitergesprächen zur Rede. Mehr noch: Im anschließenden Protokoll sind die kleinen Regelverletzungen von Torsten Meyer so dargestellt, als stünde er kurz vor der Abmahnung. Er kennt sich gut genug, um zuerst mit einem Freund zu sprechen, statt sarkastische Bemerkungen im Job fallen zu lassen. Er bereitet seine Stärken vor und macht sich auch klar, unter welchem Druck sein neuer Chef steht und wie seine selbstgemachten Regeln auf diesen wirken müssen. Dann sucht er ein neues Gespräch mit dem Chef, drückt sein Erstaunen über das Protokoll aus und erarbeitet mit ihm eine Zielvorgabe, die seinen Stärken entspricht. Eine Abmahnung stand zwar nie zur Debatte. Jetzt hat er jedoch die vermeintlich ungünstige Situation konstruktiv genutzt, ist mit seinen Qualitäten sichtbar und hat dem Chef zudem vermittelt: Ich bin verlässlich, sogar in schwiergen Situationen.

Zeigen Sie Ihre Stärken

Persönliche und berufliche Stärken sind Ihre Basis, wenn Sie sich und Ihre Leistung ins Gespräch bringen wollen. Zeigen Sie, was Sie zu bieten haben. Mit Selbstmarketing lassen sich persönliche Stärken als verlässliches Profil, als Marke »verkaufen« – vorausgesetzt, dass Sie selbst von Ihnen überzeugt sind.

Und die Schwächen? Die sind sozusagen Ihr Privatvergnügen – hier müssen Sie Ihre Grenzen und Baustellen akzeptieren und verantworten. Der Schokoriegel macht ja auch nicht Werbung mit seiner Kalorienzahl, sondern mit seinem Gute-Laune-Image. Stärken wie Schwächen führen zu einer klaren Aufgabenstellung:

- Nur wenn Sie wissen, was Sie brauchen (wo Sie »bedürftig« sind; wo Sie Ihre Grenzen haben), können Sie für sich sorgen oder sich bei Anderen Unterstützung holen.
- Nur wenn Sie wissen, was Sie können und wo Sie Herausforderungen suchen, können Sie dies auch anbieten und kommunizieren.

Inga Herman, 55, ist neue Arzthelferin auf einer Station. Ihr Arbeitsauftrag ist an sich schon darauf angelegt, Belastungen im Team auszugleichen – aber sie ist für diese Position wie geschaffen. Seit sie da ist, ist sie das Herz der Station. Niemand hat von ihr jemals den Satz: »*Das ist nicht mein Job!*« gehört. Verärgert ist sie nur über den rüden Umgangston, den sie aus ihrer Praxiserfahrung nicht kennt, bei der der Arzt auf einen guten Umgangston geachtet hat. Sie weiß, dass es Helfertypen gibt, die für andere da sind, die nicht auf sich selbst achten und dann irgendwann ausrasten. So weit will sie es nicht kommen lassen. Sie stellt ihren guten Ruf in den Dienst der Station und fordert, dass man sich gegenseitig grüßt und mit Namen anspricht, und das in alle Richtungen, inklusive der Patienten. Zunächst erntet sie von manchen Kolleginnen hochgezogene Augenbrauen, aber schon nach kurzer Zeit wird bei einer Stationsbesprechung beschlossen: Ab sofort werden wieder Namensschilder getragen, damit Externe die Mitarbeiterinnen und Mitar-

▼

beiter aktiv mit Namen ansprechen können. Inga Herman fühlt sich in ihrem Gefühl bestätigt. Selbstbewusst kommentiert sie: »*Ja richtig, anders geht das nicht.*«

3.2 Zielbestimmung

Werbeprofis finden durch ein Stärken-Schwächen-Profil mehr über ihr zu bewerbendes Produkt heraus. Haben Sie inzwischen mehr darüber herausgefunden, wer Sie sind und was Sie beruflich zu bieten haben? Im Rahmen des Themas Selbstmarketing geht es darum, da tätig zu werden, wo Sie sich stark und fähig fühlen. Unterscheiden Sie deshalb zwischen einerseits persönlichen Visionen und andererseits Zielen, die Sie im Job erreichen wollen.

Wie eine Wanderung mit Wanderkarte

Beim Wandern gibt es bekanntlich unterschiedliche Möglichkeiten. Man kann drauflos wandern und Freude daran entwickeln, dass man sich verläuft und (nur) dadurch eine schöne Quelle mitten im Wald findet. Oder man kann sich überlegen, wo man hin will, eine Wanderroute wählen, Proviant und Gefährten mitnehmen und sich (auch) daran erfreuen, dass man die Sehenswürdigkeiten der Route gesehen hat und ungefähr zur geplanten Zeit da ankommt, wo man hin wollte.

Wenn Sie mit Ihrer Imagebildung starten wollen und bisher noch nicht wissen, wie das geht, können Sie es wie beim Wandern machen: Sie können losmarschieren und schauen, was sich ergibt. Oder Sie können sich Ziele setzen, die Sie erreichen können, und sich nach Ihrem Erfolg überlegen, ob Sie diese Strategie für weitere Ziele beibehalten oder kleinere oder größere Kursänderungen vornehmen wollen.

Vorschlag: Entwickeln Sie eine klare Handlungsvision

Wenn Sie einverstanden sind, verfolgen wir im Weiteren die zweite Variante. Peilen Sie ein Ziel an. Verwöhnen Sie sich mit dem Erfolg, dass Sie Ihr definiertes Ziel erreicht haben. Und werden Sie danach von Mal zu Mal müheloser darin, sich ins Gespräch zu bringen. Durch die Stärken-Schwächen-Analyse können Sie ablesen, wo Sie tätig werden möchten.

Andrea Tomms, 26, Arzthelferin, formuliert beim Thema Selbstmarketing ihr erstes Ziel: In zwei Wochen habe ich eine Liste ausformuliert, worin meine (dem Arbeitsauftrag entsprechende) Leistung in der Praxis besteht und worin nicht – mein Ziel ist, (nicht mehr für »alles« zuständig zu sein, sondern) mit einem Leistungskatalog klar erkennbar zu sein: Dafür stehe ich.

Sandra Bilcher, 33, Stationsleitung, definiert ihr nächstes Ziel für das Selbstmarketing: Ich werde im Verlauf eines Jahres, also bis zum 10.06., meine Führungsposition intern sichtbar machen und zur Stärkung einer Kultur des Miteinanders einsetzen. In der Organisationszeit bis zum Tag der offenen Tür unserer Klinik am 28.09. werde ich mich aktiv beteiligen und so bei Ärzten, Pflegedirektor und Geschäftsleitung als kompetente Fachkraft mit Blick fürs Gesamte auftreten.

> ☻ **Übung**
>
> Definieren Sie Ihr Ziel beim Selbstmarketing im Job
> (◘ Tab. 3.2). Nehmen Sie dazu Ihre oben notierten Stärken
> und Schwächen privat und im Job zur Hilfe.
>
> ◘ **Tab. 3.2** Zielbestimmung
>
> | Meine Stärken im **Privaten** | Meine Stärken im **Job** |
> |---|---|
> | _____ | _____ |
> | _____ | _____ |
> | _____ | _____ |
>
> ▼

Meine Schwächen (Probleme) im **Privaten**	Meine Schwächen (Probleme) im **Job**
_____	_____
_____	_____
_____	_____
Aus der Analyse meiner Stärken und Schwächen nehme ich **persönlich** Folgendes mit:	Aus der Analyse meiner persönlichen Stärken im Privaten und im Job leite ich folgendes **professionelle Ziel beim Selbstmarketing** ab:
_____	_____
_____	_____
_____	_____
_____	_____

Und? Ist Ihr Ziel attraktiv? Wären Sie stolz, zufrieden, beruhigt, wenn Sie es erreicht hätten? Ein Ziel muss uns ansprechen und motivieren (◘ Abb. 3.1). Sonst setzen wir in die Erreichung keine Energie und geben auf, wenn sich Schwierigkeiten ergeben.

In der Methode des »Management by Objectives« (MbO) nach Drucker [5] benennt man Ziele »smart«, wobei sich das Wort »smart« auf die Anfangsbuchstaben der folgenden Attribute bezieht: spezifisch (**S**), messbar (**M**), anspruchsvoll (**A**, meint auch: attraktiv, motivierend), realistisch (**R**) und terminiert (**T**; ► Top im Job: »Schreib's auf« [12] und »Verhandlungssache« [22]).

Anna Reiners, 29, könnte sich das private Ziel setzen: »*Ich bin zu dick und will abnehmen. Ich fange an zu joggen.*« Das ist ein gutes Ziel, oder? Nach der SMART-Regel formuliert sie ihr Ziel aber erfolgversprechender so: »*Ich möchte drei Kilo abnehmen, zweimal wöchentlich 40 Minuten joggen, und zwar ab morgen (01.06.) bis in drei Monaten (01.09.).*«

■ Abb. 3.1 Entscheiden Sie sich für Ihr Ziel im Selbstmarketing

Dieses Beispiel ist deshalb gut, weil es zeigt: Ein Ziel sollte von Ihnen selbst erreichbar sein. Es nützt nichts, wenn Sie als Ziel im Job notieren: »*Meine Leistung wird zur Geltung kommen, wenn Kollegin x entlassen wurde.*« Oder: »*Ich werde mich mehr zeigen können, wenn der Personalmangel behoben ist.*« Das ist kein Ziel. Sie müssen selbst tätig werden. Auch wenn in Ihrem Berufsstand mancher davon überzeugt ist, in der zweiten Reihe oft unbemerkt zu bleiben – ändern Sie das. Sie sind kein Ladenhüter, sondern Sie bieten eine markenreife Leistung.

Und wenn private Ziele gerade Priorität haben?

Manche Menschen bemerken bei ihrer Stärken-Schwächen-Analyse, dass sie sich zunächst im Privaten ein Ziel setzen müssen, weil dort noch ein ungelöstes Problem schlummert. Dann hat dieser Punkt Priorität. Jemandem wird z. B. bewusst, dass er, um sich persönlich weiter zu entwickeln, einen VHS-Kurs zum Thema Präsentation mit Videoaufnahme besuchen muss. Er wünscht sich einen Lernimpuls, weil er bisher gewohnt ist, im Hintergrund zu arbeiten und anderen den öffentlichen Auftritt zu überlassen. Eine andere Person weiß, dass sie keinen Kopf für Fragen wie Image und Wirkung im Beruf hat, solange nicht die Finanzierung für den Bau des Einfamilienhauses steht.

Es ist gut, wenn wir wissen, was gerade wichtig ist und als Nächstes ansteht. Allerdings: Wir haben nur ein bestimmtes Reservoir an einzusetzender Energie – brauchen wir diese Energie für die Erreichung eines privaten Ziels, lässt sich zu dem Zeitpunkt kaum Selbstmarketing im Beruf machen.

Mein Ziel – und wie weiter?

Also: Sofern angemessen und möglich, entwickeln Sie ein Ziel für das Selbstmarketing im Job. Vergegenwärtigen Sie sich regelmäßig, ob Kurskorrekturen oder -änderungen nötig sind. Gewöhnen Sie sich einen festen Stand in eigener Sache an. Es geht dabei nicht um eine starre Haltung, sondern um ein vitales Selbstbewusstsein, das sich verändert, wie alles im Leben.

Ein fester Stand in eigener Sache ist auch noch aus einem anderen Grund wichtig: Ihr Ziel für das Selbstmarketing steht vielleicht in Wechselwirkung mit anderen Ebenen von Zielen. Zielkonflikte entstehen z. B. durch Ihre Sicht der Performance Ihrer Abteilung und durch die vorgegebenen Ziele des Hauses.

Auf der Ebene Ihres Arbeitsauftrags wird Erfolg an der Erreichung des Sachziels sowie an der Einhaltung von Kostenziel und Terminziel gemessen. Steuern Sie aktiv: Was ist Ihre Handlungsrichtung? Wo wollen Sie realistischerweise hin? Wo ungefähr positionieren Sie den Interessensausgleich mit Menschen, die das anders sehen? Prüfen Sie: Gibt es Kollisionen zwischen eigenen Zielen und Zielen des Unternehmens?

Andrea Pressler, 39, ist Ernährungsberaterin in einer Reha-Klinik für Kinder. Sie kommt mit ihren Art gut bei den Kindern und ihren Angehörigen an. Da sie einen guten Zugang zu adipösen Kindern findet, würde sie gern einen Kochkurs anbieten, braucht dazu aber

▼

die Kooperation des Küchenchefs für die Bereitstellung der Räumlichkeiten. Ihr Ziel: Die Reha-Klinik gibt ihr den Auftrag, wöchentlich dreistündige Kochkurse für adipöse Kinder anzubieten; ein Transfer des Gelernten in den Alltag nach der Reha ist Bestandteil des Kurses. Daraus ergeben sich für sie die nächsten Schritte: In den folgenden drei Monaten wird sie bei der Leitung und den Kinderpsychologen für ihr Programm werben und ein Konzept entwickeln, mit wie vielen Kindern sie welche Inhalte in den Kochkursen vermitteln will. Mit dem Küchenchef sucht sie keine Zusammenarbeit, sondern eine positive Akzeptanz: ihr Beratungskonzept steht nicht in Konkurrenz zu seinem täglichen Ernährungsplan.

Zielkonflikte

In ▶ Kap. 7 werden Sie noch mehr über Konflikte erfahren. Ich werde Sie dazu einladen, Konflikte nicht zu scheuen, sondern schlicht bei dem zu bleiben, wofür Sie eintreten. Andere dürfen andere Ziele verfolgen – das ist normal. Und wer über den oben erwähnten festen Stand verfügt, wird Reibung sportlich nehmen oder sie zumindest nicht weiter als nötig an sich heran lassen. Am Ende wollen viele von uns nur das Beste für das Team, das Unternehmen, den Patienten. Allerdings ist im Gesundheitsbereich nicht nur der erfolgreich therapierte Patient ein Erfolg. Er bemisst sich in der Erreichung dreier Ziele, die alle miteinander konkurrieren (◘ Abb. 3.2):

- Es gibt ein **Sachziel**: Ein Produkt oder eine Leistung soll maximal gut sein; die Qualität soll erreicht werden.
- Es gibt ein **Kostenziel**: Die Kosten sollen naturgemäß gering sein – da es aber nicht immer darum geht, »billig« zu sein, sollen zumindest die budgetierten Kosten eingehalten werden.
- Und dann gibt es noch ein **Terminziel**: Die Leistung soll in kürzester Zeit erbracht, geschafft, realisiert sein – oftmals geht es darum, einen Termin »einzuhalten«.

Das ist zunächst einmal leicht nachvollziehbar. Allerdings gerät dieses Zieldreieck (◘ Abb. 3.2) z. B. dann in Spannung, wenn ein

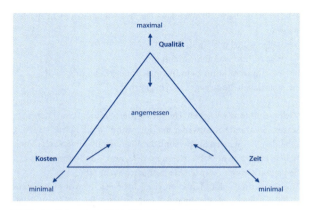

☐ Abb. 3.2 Ziele stehen oft in Konflikt mit anderen Zielen

Unternehmen gleichzeitig mehrere Ziele verfolgt. Ein modisches Top für die Sommermode soll von maximaler Qualität sein, in der Herstellung wenig kosten (dem Kunden könnte man es dann wegen der hohen Qualität teuer verkaufen) und es soll sofort lieferbar sein. Ob das gelingt? Ein anderes Beispiel: Das Wohl des Patienten soll an erster Stelle stehen, die Pflegekosten sollen allerdings sinken und die Verweildauer in der Klinik soll reduziert werden. Kommt Ihnen das bekannt vor?

Sie haben mehrere Ziele

Das Thema Zielkonflikte soll Sie aufklären. Es soll Sie aber nicht davon abhalten, eigene Ziele zu verfolgen. Um erfolgreich zu sein, werden Sie »mehreren Herren dienen« müssen. Das ist so. Sie arbeiten in Strukturen, innerhalb derer Sie sich bewegen. Sie haben einen Arbeitsauftrag, den Sie erfüllen. Sie bekommen aktuelle Arbeitsanweisungen, bei denen Ihnen manchmal keine Wahl bleibt, als sie abzuarbeiten.

Gleichzeitig dürfen Sie aber Ihre Intelligenz auch dazu nutzen, Ihren Erfolg ins richtige Licht zu rücken. Rechnen Sie mit Überraschungen. Verlieren Sie die folgenden Fragestellungen nicht aus den Augen:

- Welches Ziel hat für Sie Priorität?
- Was ist Ihre Handlungsrichtung?
- Wo ungefähr könnte ein Interessensausgleich nötig sein?
- Was haben Sie zu sagen? Wem gegenüber?

Zielbestimmung ist Arbeit. Denn es fordert Sie auf, Prioritäten zu setzen. Sie wandern entweder **mit** oder **ohne** Wanderkarte – entscheiden Sie. Steuern Sie persönliche Visionen und berufliche Vorhaben, erreichen Sie Unternehmensziele, und – im Rahmen des Selbstmarketings – werden Sie in eigener Sache tätig.

Übrigens: Es gibt Menschen, die scheuen sich davor, sich auf ein Ziel festzulegen. Aber niemand verpflichtet Sie, Ihr Ziel beizubehalten. Sie können es jederzeit hinterfragen, modifizieren oder über den Haufen werfen. Freilich sei Ihnen gegönnt, dass Sie oft genug bis zu einem gesetzten Ziel durchhalten und den Erfolg erleben.

Sollten Sie oft Ihre Ziele wechseln und selten eins erreichen, fragen Sie sich, ob Ihre Ziele vielleicht zu groß gesetzt sind und ob sie Ihnen wirklich entsprechen. Sollten Sie an der Stelle keine Antwort finden, hilft professioneller Rat – stellen Sie sich dann für einige Zeit jemanden zur Seite, der Ihnen hilft, sich auf die Schliche zu kommen und anschließend realistische, Ihnen entsprechende Wege zu beschreiten.

Es geht an dieser Stelle auch nicht darum, eine Rolle zu »spielen«, sondern sie einzunehmen. Ihre Authentizität ist ein Wert, den es zu erkennen, zu erhalten und bei Bedarf auszubauen gilt. Es gibt keine Tricks. Und es geht auch nicht darum, sich an Regeln oder Zielen anderer zu orientieren. Das ist Fluch und Gnade von Selbsterkenntnis und Selbstbestimmung. Je besser Sie Ihr Ziel (oder zumindest die Zwischenetappen) kennen, desto souveräner können Sie mit Arbeiten, Aufträgen, Dienstanweisungen, Zielen umgehen, die Ihnen nicht entsprechen.

Und meine Schwächen?

Meldet sich jetzt in Ihnen eine Stimme, die fragt: »Und meine Schwächen, was ist mit denen?«, dann sollten Sie auf sie hören. Manche Themen können wir angehen, indem wir ihnen direkt begegnen. Wenn Sie im Supermarkt nicht die oberste Packung aus dem Angebotsstapel nehmen, sondern eine Packung weiter unten herausziehen, wird der Stapel in Bewegung geraten – eine neue Ordnung entstehen. So ist das auch mit uns selbst. Wir können bei unserer obersten Schicht anfangen und sozusagen eine Packung »Ich« vom obersten Stapel greifen und kennen lernen. Wollen wir aber »tiefer« ansetzen, fragen wir uns nach dem Sinn, nach unserer Integrität, nach unserem Eingebundensein in unser Leben und in das Leben mit anderen – und greifen uns sozusagen eine Packung »Ich« heraus, die uns gerade magisch anzieht, auch wenn dadurch der ganze Stapel »Ich« in Bewegung gerät. Etwas über diese eine Packung zu erfahren, hat dann für uns mehr Priorität, als z. B. das Ziel, die Ordnung einzuhalten oder das zu tun, was man von uns erwartet.

In einem Selbstmarketingseminar für Unternehmensgründer kam ein Teilnehmer ins Grübeln, als ihm Folgendes klar wurde: Er kann derzeit keine klaren, positiven Botschaften über sich formulieren; seine Einkommensbilanz ist durch seine Familiensituation so bedrohlich, dass er zunächst seine Existenz sichern muss. Er empfand das Thema Selbstmarketing plötzlich als Luxusproblem, das für ihn gerade gar nicht relevant war. Und diese Erkenntnis ist keine Schwäche. Sie zeigt einfach, was derzeit für ihn wichtig war. Für den Teilnehmer ging es zu diesem Zeitpunkt um die Stabilisierung seiner Existenz, um das Errichten von Pfeilern, auf denen sein Leben und das seiner Familie künftig ruhen soll.

Das Gleichgewicht herstellen

Unser Arbeitsleben ist immer nur ein Teil unseres Lebens – sowohl bezogen auf die eingesetzten Stunden als auch auf die Bewertung dieser Stunden. Vor einigen Jahren galt ein Trend der Frage nach der Work-Life-Balance. Und obgleich dieses Wort heute nicht mehr

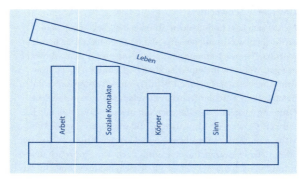

Abb. 3.3 Gleichgewicht herstellen. Wenn ein Aspekt zu stark oder zu wenig entwickelt ist, gerät das Leben in eine Schieflage

oft verwendet wird, ist das Bedürfnis nach Balance geblieben. Für jede und jeden bedeutet Arbeit etwas anderes, z. B. Einkommenserwerb, Selbstentwicklung, Einflussnahme. Und doch ist sie nur eine Säule neben anderen, auf der unser Leben ruht:

- die Säule **Arbeit**, also z. B. Berufsausübung, Erfolgserleben, Geldverdienen, Selbstentwicklung,
- die Säule **soziale Kontakte**, also z. B. Freunde, Familie, Anerkennung, Zugehörigkeit,
- die Säule **Körper**, also z. B. Entspannung, Ernährung, Fitness, Gesundheit,
- die Säule **Sinn**, also z. B. Religionseinbindung, Erfüllung, Nachhaltigkeit, Verbundenheit.

Nimmt eine dieser Säulen zu wenig oder zu viel Raum ein, kann das Leben in eine Schieflage geraten (Abb. 3.3). Das ist zunächst nicht dramatisch, denn manche Lebensphasen bringen es mit sich, dass ein Aspekt mehr Platz einnimmt, z. B. die Säule »Arbeit« bei einem Arbeitsplatzwechsel oder die Säule »soziale Kontakte« nach der Geburt eines Kindes. Bringen Sie sich in die Lage, dass Sie selbst bestimmen können, was für Sie gerade Priorität hat. Akzeptieren Sie, wie es ist, und übernehmen Sie die Verantwortung dafür – auch wenn das oft leichter notiert als umgesetzt ist.

Schwächen als Stärke?

In diesem Buch geht es darum, Ihre Stärken zu stärken, die Sie in Ihrem Beruf zur Verfügung stellen und zum Ausdruck bringen. Das ist also der Blick auf eine der oben genannten Säulen. In ▶ Abschn. 5.1 werden Sie noch etwas zu kommunikativen Aspekten der vermeintlichen Schwächen erfahren, in ▶ Abschn. 7.1 zu Möglichkeiten, mit Schwächen in Konflikten umzugehen.

Schwächen können auch eine Stärke sein. Es ist wichtig, dass Sie Ihre Schwächen oder auch nur Ihre Selbstzweifel kennen. Akzeptieren Sie, dass wir Menschen nicht nur funktionieren, sondern dass wir unsere eigenen Grenzen haben und von Menschen umgeben sind, die ebenfalls Grenzen haben. Manchmal hilft es, diese Schwächen in einen größeren Zusammenhang zu stellen:

- Zu einem stabilen Leben gehört ein Gleichgewicht zwischen einzelnen Lebensaspekten.
- Oft findet man die Lösung zu einem Problem, wenn man sie an anderer Stelle im System sucht.

Ein solcher Blick kann entlasten. Er kann Ihnen zeigen: Das, was Sie gerade als Ihre Schwäche sehen oder als belastend empfinden, bezieht sich nur auf einen Aspekt oder eine Situation Ihres Lebens. In einer anderen Situation haben Sie das schon ganz anders lösen können.

Tanja Zabert, 44, ist PDL in einer Fachklinik. Sie ist schwer aus der Ruhe zu bringen, hat den Überblick und weiß selbst dann ihre Leute hinter sich zu bringen, wenn es um unbeliebte Entscheidungen geht. Nur wenn das Pflegeheim anruft und sagt, ihre demente Mutter sei im Bad gestürzt, was derzeit öfter geschieht, setzt bei ihr etwas aus – sie reagiert nervös und fahrig, auch im Job. Nach zwei solcher Situationen, über die sie sich selbst sehr geärgert hat, hat
▼

sie umgeschaltet. Sie will nicht, dass ihr Privatleben in ihren Beruf herein funkt. Aber sobald sie merkt, dass sie nervös ist, erzählt sie Mitarbeitern, was privat bei ihr los ist. Und das wird ihr keineswegs als Schwäche ausgelegt. Mehr noch: Dass sie plötzlich auch mal etwas Privates preisgibt, bringt ihr Sympathiepunkte ein.

3.3 Über die eigene Leistung sprechen

Über Ihre Stärken und Ziele wissen Sie jetzt Bescheid. Der nächste Schritt lautet: Andere davon wissen lassen. Und damit das gelingt, werfen wir wieder einen Blick in die Werbewelt. Im Marketing definiert man bestimmte Eigenschaften für ein Produkt, das man der Öffentlichkeit präsentieren will:

- Man nennt sie **»unique selling propositions«** oder **»unique selling points«**.
- Auf Deutsch heißt das in etwa: **herausragende Leistungsmerkmale**.
- Man spricht auch von **UCVP** (»unique customers value proposition« oder »unique customers value points«), also vom Wert (»value«) für den Kunden (»customer«).

Ihnen scheint das zu weit hergeholt? Weil Sie in einem Berufsfeld arbeiten, in dem wenig »unique«, also einzigartig ist? Machen Sie es sich einfach: Die Botschaft dieses Buches ist nicht, Werbefachmann zu werden, sondern sie besteht darin, sich etwas strukturierter, vielleicht an einigen Stellen auch mutiger und pointierter Ihren Vorteilen zuzuwenden. Wenn es Ihnen nicht liegt, einzig, also »unique« zu sein, können Sie den Fachjargon der Werber auch umformulieren. Sprechen Sie statt von »unique« von »my« (meinen) oder »our« (unseren) »selling points«: also von meinen (Ihren) oder unseren (denen Ihres Teams) Leistungsmerkmalen.

Die Einladung, die hier für Sie geschrieben steht: Finden Sie klare Kernbotschaften für sich, Ihr Team, Ihre Klinik, Ihre Praxis. Was leisten Sie, was besonders ist? Das Marketing setzt hier eine

Konkurrenzanalyse an – für Fortgeschrittene kann deshalb die Frage beflügelnd sein: Was unterscheidet Sie von »Wettbewerbern«, was ist Ihr **»Alleinstellungsmerkmal«**?

Für Anfänger in der Frage nach der eigenen Wirkung ist die Einladung aber bitte anders zu verstehen: Vergleichen Sie sich vorerst **nicht** mit anderen Experten Ihres Berufs, sondern haben Sie im Blick, was Sie Besonderes für den zu bieten haben, den Sie ansprechen. Sie können in Ihre Kernbotschaften Aspekte einbauen, die andere bereits positiv über Sie erzählen.

Uwe Elwin, 42, ist Logopäde in einer Klinik und hat hier gefunden, was er immer gesucht hat. Anders als seine Ausbildungskollegin, die sich selbstständig gemacht hat, war er bisher immer davon überzeugt, dass er austauschbar sei. Erst in der Klinik vermitteln ihm Vorgesetzte, Kollegen, Patienten, dass seine Fachkenntnisse und Erfahrungen als Logopäde gefragt sind, dass man ihn als Mensch im Team braucht, dass er seinen Patienten behilflich ist. Auch mittels dieser Positivmeldungen über sich und seine Leistung, kann er formulieren: Er setzt sein Expertenwissen innerhalb des Teams zum Wohl der Patienten ein. Das ist seins, dafür steht er.

Die Kundinnen und Kunden?

Mitarbeiterinnen und Mitarbeiter in Gesundheitsfachberufen bezeichnen ihre Klientel gemeinhin lieber als »Patienten« und nicht als »Kunden«. Für Führungskräfte dagegen, die eine Klinik oder eine Pflegeeinrichtung als Wirtschaftsunternehmen betrachten, sind Worte wie »Kunde« und »Marktvorteil« oft selbstverständlich, und sie wissen um die Nähe ihres professionellen Handelns zu Marketing und Management. Auch wenn es Ihnen vielleicht schwer fällt: Machen Sie sich nicht unnötig das Leben schwer und akzeptieren Sie diese Wortwahl einfach als Fachwort neben anderen. Sie haben ein professionelles Angebot, für das Sie stehen. Das ist wertvoll, das ist von Nutzen für den Patienten, Ihr Team, andere Berufsgruppen, Ihr Haus. Dabei müssen Sie respektieren, dass Sie innerhalb eines Kostenziels tätig sind und dieser Kontext heute zum

Arbeitsauftrag gehört. Finden Sie bei Bedarf eine andere Formulierung: Sprechen Sie nicht von Ihrer Dienstleistung, sondern von Ihrem professionellen Angebot; sehen Sie nicht den Kunden, sondern das Wohl Ihres Patienten (▶ Top im Job: »Arbeitgeber Patient« [19]).

Nutzen Sie die Idee vom Selbstmarketing (und auch das dürfen Sie anders nennen), um Ihre eigene Botschaft zu Ihrer Leistung und Ihrer persönlichen Art der Berufsausübung zu formulieren und zu verbreiten.

Legen Sie los

Sollten Sie zu denen gehören, die bereits Konzepte entwickelt oder z. B. Pläne für eine Veranstaltung realisiert haben, ist das Folgende eine Fingerübung. Wenn Sie das zum ersten Mal ausprobieren möchten, lohnt es sich, ein halbes Wochenende in sich zu gehen. Es geht darum, drei bis fünf USP (also »unique« oder »my« oder »our selling points«) zu formulieren. Das genügt, denn Wahrnehmungspsychologen haben herausgefunden, dass mehr als drei bis fünf Kurzbotschaften niemand aufnehmen und verarbeiten kann. Aber darum geht es ja: Dass am Ende der, den Sie im Auge haben, im Schlaf aufsagen kann, was Sie leisten, was an Ihnen besonders ist und dass Ihre Leistung ihr Geld wert ist. Hier eine kurze Wiederholung, was ein USP sagt:

- Sie legen fest, worin Ihre besonderen Leistungsmerkmale bestehen.
- Sie nennen Fakten, keine Allgemeinplätze.
- Sie sagen, was das Besondere an Ihrem Angebot, an Ihrer Leistung, an Ihrer Persönlichkeit ist. Sie knüpfen an das an, was andere bereits positiv über Sie sagen. Sie bestimmen, was Sie möchten, was über Sie »öffentlich« wird.
- Sie definieren, wozu Sie sagen können: »*Dafür stehe ich.*«

Wenn Sie mit diesem Lernstoff gerade erst beginnen, ist jetzt ein mutiger Schritt von Ihnen gefragt. Raus mit der Sprache: Was von Ihnen soll sich in den Köpfen der Leute festsetzen? Wenn Sie in

► Kap. 2 nachlesen, können Sie sich vergewissern: Es geht nicht allein um Topangebote, die laut rufend auf dem Markt feilgeboten werden. Es geht auch um solide, »leise« Töne. Nur: Definieren und sichtbar machen müssen Sie sie dennoch.

Manchem mag weh tun, dass er sich bei diesem Marketingschritt auf leicht einprägsame Fakten beschränken muss. Sie finden, Sie sind mehr als diese Botschaften? Sehr richtig. Nur können Sie bei diesem Konzept lernen, es Ihrem Gegenüber leichter zu machen: Sagen Sie ihm, was er sich von Ihnen merken soll.

Wenn Michael Picht, 28, ein Bewerbungsfoto machen musste, taten ihm die Fotografen hinterher immer ein bisschen leid: Er war nicht zufriedenzustellen. Er hatte sich noch nicht auf seine Botschaft festgelegt. Die Fotos, die er von den Fotografen bekam, waren es alle nicht. Er zahlte an der Kasse die Rechnung und zog zum nächsten. In einem Studio wurde er gefragt, für welchen Beruf in welcher Position und mit welchem Gehalt er sich bewerben wolle. Zusammen mit der Fotografin arbeitete er heraus: »intelligent, neugierig, sympathisch, durchsetzungsstark« – so sollte das Foto sein. Mit diesem Foto bekam er die nächste Stelle. Und zwar nicht, weil ihm sein Gesicht auf dem Foto jetzt top gefiel, sondern weil das Foto die »richtige« Botschaft hatte.

Ein Leitungsteam sucht nach einer gemeinsamen Handlungsrichtung für die gesamte Klinik. Das Ziel ist, einen Slogan zu entwickeln, mit dem alle Pflegepersonen mit ihrer Fachausbildung, ihrem persönlichen Engagement und neben anderen Berufsgruppen, denen gemeinhin schneller der Erfolg am Patienten zugeschrieben wird, sichtbar werden. Man arbeitet einen ganzen Tag und notiert neben Kernkompetenzen das Bedürfnis, stolz zu sein in der Klinik zu arbeiten und einen guten Job zu tun. Am Ende steht der USP – drei Kernbotschaften in einem Satz: »*Wir stehen rund um die Uhr für exzellente Pflege – mit Respekt vor dem einzelnen Patienten.*«

> **😊 Übung**
>
> Lassen Sie nicht zu, dass andere definieren, was an Ihnen wichtig und nützlich ist. Mit »Kernbotschaften« bestimmen Sie selbst, was wichtig an Ihnen, an Ihrer Leistung ist. Das kann auch bezogen auf Ihr Team sein. Im Produktmanagement benennt man mit drei bis fünf USP (»unique selling propositions/points«) bzw. UCVP (»unique customers value propositions/points«) – deutsch: mit herausragenden Leistungsmerkmalen – das Besondere des Produkts oder der Marke, das oder die man anbietet. Im Mittelpunkt steht hier der Nutzen des »Kunden«. Auch Sie und Ihre Leistung sind eine »Marke«. Fragen Sie sich: Was sind die drei bis fünf wichtigsten Vorteile und Besonderheiten Ihrer Leistung oder der Leistung Ihres Teams? Zunächst geht es um allgemeine Vorteile und Besonderheiten Ihrer Leistung. Sollte es Ihnen leichter fallen, diese »USP« in Bezug auf bestimmte Menschen oder Gruppen (Ihr Team, Ärzte, …) zu formulieren, so machen Sie das.
> 1. _____
> 2. _____
> 3. _____
> 4. _____
> 5. _____
>
> Überspringen Sie diesen Punkt nicht. Legen Sie sich fest!

Hindernisse

Spannend wird das Leben, wenn man zu den Hindernissen gelangt – aus Vergangenheit und Gegenwart. Ein Buch kann sich wenig mit den Hindernissen beschäftigen, denn sie sind individuell und persönlich entstanden und ebenso zu lösen. Wenn z. B. jemand ein zu geringes Selbstwertgefühl hat, braucht er vielleicht erst ein Persönlichkeitstraining. Wenn jemand regelmäßig in unklaren Situationen verstummt, sollte er dem nachgehen und sich Unterstützung holen (und etwas Geduld mit sich aufbringen), z. B. in einer Einzelberatung, wie sie von Beratungsstellen oftmals kostenfrei angeboten werden, in einem Coaching oder einer Therapie.

Sind Hindernisse da, aber nicht entscheidend (▶ Abschn. 3.1), geht es darum, Farbe zu bekennen und sich für Kernbotschaften zu entscheiden. Auch das ist immer nur ein Ausschnitt der Wirklichkeit. In ▶ Abschn. 3.2 wurde erläutert, dass Sie sich nicht mit Ihren Entschlüssen, die Sie in einer Situation auf ein Ziel hin getroffen haben, auf alle Ewigkeit festgelegt haben. Und dennoch: Damit Sie bei einer Wanderung ankommen, ist es wenig sinnvoll, drei Wanderrouten gleichzeitig nehmen zu wollen.

Wie Sie Ihre Kernbotschaften finden

Werbefachleute nutzen gelegentlich Kreativtechniken, um zu einem Slogan zu gelangen. Ein solcher Slogan soll dann nicht bloße Worthülse sein, sondern ein Produkt oder eine Leistung so beschreiben, dass man sich gleich daran erinnert und weiß, worum es geht.

Wenn Sie Ihre Liste mit Ihren Stärken aus ▶ Abschn. 3.1 durchsehen, finden Sie möglicherweise ein Stichwort oder eine Assoziation, das oder die Sie weiter ausformulieren wollen. Sie sind verlässlich? Also geben Sie den Patienten oder/und dem Team Halt? Sie sind gut ausgebildet? Also sind Sie Ansprechpartner für Ärzte zum Wohle der Patienten? Oft benennen wir eine Qualität von uns mit einem Adjektiv oder einem Substantiv – nur, was sagt das jemand anderem? Überlegen Sie, ob Sie Ihre Kernbotschaft mit einem Gefühl oder einem Bild verbinden können, das Ihr Gegenüber positiv bewertet.

Brainstorming

Sie können sich noch einer weiteren Technik bedienen, wenn Sie Kernbotschaften über Ihre Leistung finden möchten. Schreiben Sie in einem Brainstorming alles auf, was Ihnen zu Ihrem Selbstmarketinganlass einfällt. Sortieren Sie nicht, bewerten Sie nicht. Bilden Sie dann direkte Aussagen. Sie haben notiert: »engagiert und respektvoll«? Dann formulieren Sie jetzt direkt: »*Ich, Mara Parker, stehe engagiert im Team und begegne respektvoll den Patienten.*« Sie können das auch auf Authentizität überprüfen, indem sie die grammatische Form verändern: »*Du, Mara Parker, stehst engagiert im Team und begegnest respektvoll den Patienten.*« Und: »*Mara Parker steht engagiert im Team und begegnet respektvoll den Patienten.*« Und? Wie hört sich das an? »Stimmt« es? Herzlichen Glückwunsch, Sie haben eine Kernbotschaft gefunden, die Ihre Stärke in Worte fasst und ab sofort in Ihren aktiven Sprachgebrauch gehört.

Die Tante aus Amerika

Kernbotschaften finden Sie auch, wenn Sie sich auf ein Gegenüber konzentrieren, der Ihren Arbeitskontext nicht kennt. Erzählen Sie z. B. Ihrer »Tante aus Amerika«, wie und womit Sie im Job glänzen. Seien Sie nicht zu allgemein, sondern verständlich. Das Ergebnis wird keine Aufstellung von USPs sein, die Sie im Job einsetzen werden, aber der Weg dorthin wird Ihnen klar machen, welche Leistungen sich für eine Präsentation eignen. Die Präsentation Ihrer Tätigkeit für Ihre Tante aus Amerika werden Sie sozusagen oberflächlich ansetzen – Sie werden aber bei Bedarf Tiefe und Qualität entfalten können.

Probieren Sie bei Ihrer Tante aus Amerika aus, ob es »sitzt«. Mentales Training hat seinen ganz eigenen Reiz – Ihr mentaler Plausch mit der fiktiven Tante wird Sie vielleicht erheitern. Sollte er Sie langweilen, sind Sie der Wirklichkeit schon ein Stück näher: Denn bei Kernbotschaften über sich und Ihre Leistung sollten Sie sich überwinden und Ihre Anliegen an der Wirklichkeit testen. Eine Steigerung kann schon sein, dass Sie laut mit Ihrer nichtanwesenden Tante sprechen – hören Sie sich zu und entscheiden Sie selbst, ob Sie überzeugend klingen.

In ▶ Kap. 6 wird es darum gehen, Ihre Botschaft konkret an einem Gegenüber orientiert zu formulieren. Es wird um Ihren Kunden, Ihre Chefin, Ihre Kollegen gehen – oder wen auch immer Sie im Blick haben. In diesem ▶ Kap. 3 geht es noch behaglich zu: Ihre USPs »sitzen« umso besser, je genauer Sie Ihr Angebot kennen und je greifbarer Ihnen Ihre Stärken sind.

Elevator Speech

Eine weitere Hilfe im Formulieren von Werbebotschaften in eigener Sache ist die sog. »elevator speech«, die Aufzugsrede. Stellen Sie sich vor, Sie fahren mit Ihrem Chef im Aufzug. Sie wollen in Stock 7 raus, er in Stock 23. Ihnen bleiben 30 Sekunden, Ihrem Chef etwas zu sagen, was bei ihm garantiert hängen bleibt und das er in der nächsten Zeit mit Ihrer Person und Leistung verbindet. Na? Was wäre das?

Küchenzuruf

Auf Henri Nannen, den langjährigen Chefredakteur des Stern-Magazins, geht das Konzept des Küchenzurufs zurück. Frei erzählt: Ernst sitzt bei Zeitung und Bier im Wohnzimmer, Hilde kocht in der Küche. Ernst liest einen Artikel über die Benzinpreise und ruft Hilde zu: »*Die Spritpreise sind schon wieder gestiegen. Da siehst Du mal, wie die Ölkonzerne von der Situation profitieren.*« Ein Zweizeiler über die Kernbotschaft des Textes – nicht unbedingt tiefschürfend, aber verständlich. Oder müssten wir jetzt erst Hilde fragen, was sie verstanden hat und ob es sie überhaupt interessiert hat?

Sie können das für sich nutzen, indem Sie sich besinnen: Sie haben ein Gegenüber. Ihr Anliegen mag groß und kompliziert sein, Ihre Lösung haben Sie sich in allen Details überlegt – aber wenn Sie sich besinnen, worauf es Ihnen wirklich im Kern ankommt …, dann sind Sie dem Ziel schon sehr nah, eine Kernbotschaft zu formulieren und diese sozusagen verständlich in die Küche zu rufen.

Viele »Rollen« im Job – also viele Kernbotschaften?

In ▶ Kap. 6 werden Sie der Idee folgen können, Ihre Person und Leistung so zu präsentieren, wie es Ihr jeweiliges Gegenüber braucht. Jetzt soll es zunächst darum gehen, bei Bedarf verschiedene Ebenen von Nutzen zur Sprache zu bringen. Wir alle bewegen uns im Job in unterschiedlichen Rollen. Und an jede dieser Rollen sind Erwartungen der Menschen geknüpft, denen Sie begegnen. Wollen Sie ab heute sichtbarer werden und mitmischen, so ist es wichtig zu erkennen, in welcher Rolle Sie sich gerade befinden und was das für

Sie und Ihr Gegenüber bedeutet. Die Fachworte dazu lauten Rollenklärung und Flexibilität im Rollenverhalten (▶ Abschn. 6.1).

Tina Derks, 25, ist Krankengymnastin in einer gynäkologischen Klinik. Im Betriebsrat ist sie für behinderte Mitarbeiter im Unternehmen zuständig. Ihr Terminkalender für Patienten quillt über. Was tut sie und was sagt sie, als plötzlich ein Mitarbeiter vor ihr steht, der wegen der Höherstufung seines Schwerbehindertengrads mit ihr sprechen will? Sie muss sich innerlich sortieren, welche »Rolle« gerade aktiviert wird. Danach kann sie zuordnen, welcher »Arbeitsauftrag« sich daran anschließt. Erst danach kann sie effektiv tätig werden. Ihre Patienten haben Termine, aber für ihren Kollegen ist sie zuständige Ansprechpartnerin im Betriebsrat. Seit sie weiß, was Rollen- und Auftragsklärung ist, seit sie also beides auseinanderhalten kann, gelingt es ihr leichter, sich abzugrenzen. Mit etwas Distanz kann sie professionell im Job sein und die Anfragen von Kollegen gut integrieren. Mehr noch: Sie kann sich zwischendurch einfach darüber freuen, was sie alles schafft. In Ihren Botschaften klingt das so: »*Ja, bin gleich da.*« »*Ja, darüber können wir gern sprechen, wie wäre es am Dienstag um 14.30 Uhr.*«

Tim Kagel, 44, leitet einen Wohnbereich, in dem er früher als Altenpfleger tätig war. Sein Freund Peter war früher sein Kollege. Es ist nicht leicht für Tim Kagel, in Stresssituationen zu unterscheiden, ob er gerade als Leitung gefragt ist oder ob er sich gerade leisten kann, einfach Peters Freund zu sein. Seit Peter sich mit der stellvertretenden Wohnbereichsleitung regelmäßig wegen der Ordnung auf Station in der Wolle hat, ist für Tim Kagel ein Extraaufwand entstanden: Er muss sich fragen, in welcher Rolle er gerade unterwegs ist. Für ihn bedeutet es Stress, dass er nicht mehr aus dem Bauch heraus agieren kann, sondern seine Worte und die Handlungsvorgaben dauernd abwägen muss. Er hat sich aufgerafft, klare Worte zu finden, die seine Funktion benennen, z. B.: »*Als Wohnbereichsleiter ist es mein Job, für die Ordnung auf Station geradezustehen, deshalb …*«.

Sollten Sie verschiedene Rollen im Job einnehmen und sollten diese gelegentlich zu Rollenkonfusion führen, dann überlegen Sie: Brauchen Sie für jede Rolle eine eigene Kernbotschaft (USP/UCVP; [8])? Oder brauchen Sie eher »Schutzbotschaften«, also Botschaften, die nicht den Raum für Ihre Selbstpräsentation öffnen, sondern die Ihnen Ihr Gesicht wahren (so wie Tina Derks in dem Beispiel einen anderen Termin vorschlägt, um sich im Moment Luft zu verschaffen)?

Übung

Spielen Sie beruflich unterschiedliche Rollen und wollen Sie parat haben, welches Angebot Sie jeweils haben? Dann sammeln Sie weiter. Fragen Sie sich: Was ist meine Rolle – und welche Botschaft soll rüberkommen? In einer bestimmten Rolle mit einem bestimmten Gegenüber: Was nützt das, was ich zu geben habe, meinem Gegenüber und wie kann ich es vermitteln?

Um Ihnen die vorhergehende Übung noch zu präzisieren, kommen einige kurze Beispiele:
- Als **Leitung** kommunizieren Sie Ziele und Aufgaben, verantworten Entscheidungen, organisieren und kontrollieren, stellen die Kommunikation sicher. Überlegen Sie: Haben/Brauchen Sie eine diese Rolle stärkende Kernbotschaft? Wie lautet sie?
- Als **Fachexperte** verfügen Sie über Erfahrung, vermitteln Sie Sicherheit und sorgen Sie für Effizienz und Effektivität. Überlegen Sie: Haben/Brauchen Sie eine diese Rolle stärkende Kernbotschaft? Wie lautet sie?
- Als **Teammitglied** fördern Sie das Miteinander und die Identifikation, Sie ermöglichen Konsens, helfen bei Konflikten. Überlegen Sie: Haben/Brauchen Sie eine diese Rolle stärkende Kernbotschaft? Wie lautet sie?
- Als **Repräsentant**/in Ihres Unternehmens ist Ihnen die Organisation bewusst, Sie kennen Ihren Arbeitsauftrag, Engpässe und

Zielkonflikte und vermögen aktiv, die Haltung einzunehmen, das Unternehmen nach außen zu vertreten. Überlegen Sie: Haben/Brauchen Sie eine diese Rolle stärkende Kernbotschaft? Wie lautet sie?
- In Ihrer Funktion als **Mitarbeiter** erreichen Sie vereinbarte Ziele in Rücksprache mit Ihrer Führungskraft. Überlegen Sie: Haben/Brauchen Sie eine diese Rolle stärkende Kernbotschaft? Wie lautet sie?

Für Fortgeschrittene: Selbstmarketing als Erste Hilfe

Ein USP kann auch eine Vorbereitung für Gespräche sein, vor denen man Respekt hat. Dann geht es nicht darum, sich von der besten Seite zu zeigen, sondern dann ist das Ziel Schadensbegrenzung. Diese Art der Formulierung eigener Leistungen hilft, selbst bei Vorwürfen oder Angriffen schlicht und konzentriert beim Kern des Anliegens zu bleiben – man sagt, was man über sich, das Team, den Berufsstand sagen will.

Es ist unangenehm, sich solche Gespräche mit schwierigen Gesprächspartnern vorzustellen. Aber mit ein wenig Überwindung wird es Ihnen gelingen: Was könnte Ihnen Ihr Gegenüber entgegenhalten? Haben Sie Sorge, er könnte Ihr Angebot zerpflücken? Nutzen Sie die oben genannte Technik, um sich Argumente für das eigene Angebot sowie Argumente bei Einwänden zurechtzulegen. In ▶ Kap. 6 möchten Fachleute Sie anregen, sich pro Gruppe von Ansprechpartnern (auch pro Gespräch oder pro Projekt) USPs bereitzulegen. In diesem Kapitel geht es zunächst um die Formulierung von Kernbotschaften – um ein Klarwerden, was Sie und Ihre Leistung ausmacht. Sie werden sehen: Sie haben dann sogar Alternativen zu Ihrer Gewohnheit gefunden, »*Ja, sofort!*« zu sagen und sich anschließend überrumpelt oder verheizt zu fühlen. Mit etwas Übung haben Sie nicht nur spontan knackige Sprüche bereit (die zudem noch völlig authentisch sind), sondern auch Ihre Haltung bringt zum Ausdruck: Ich habe etwas zu bieten, und ich trete dafür ein.

Kathrin Müller, 30, ist in der Praxis beliebt, weil sie erfahren ist und selbst in Stresszeiten Lösungen findet. Ihre Erfahrung wird in letzter Zeit zur Bürde, weil ihr Chef es gar nicht mehr bei ihren Kolleginnen probiert, sondern gleich zu ihr kommt, wenn er Fragen und Aufträge hat – für ihn ist Kathrin Müller eine zuverlässige Hilfe, für Kathrin Müller bedeutet das Zusatzbelastung. Sie weiß, dass sie schlecht »Nein« sagen kann. Nachdem sie einige Situationen reflektiert hat, legt sie sich Erste-Hilfe-Sätze zurecht, mit denen alle Seiten das Gesicht wahren, ihr selbst aber dazu verhelfen, niveauvoll »Stopp« bzw. »Nein« zu sagen. Sie notiert sich auf einen Zettel: *»Sie wissen, Sie können sich immer auf mich verlassen. Gerade geht es nicht. Ich komme auf Sie zu.«* Ihr Chef ist bei ihrem ersten Testlauf wie versteinert. Aber er lässt das gelten, zumal Kathrin Müller hält, was sie verspricht, und später tatsächlich auf ihn zukommt.

Übrigens: Die Erste-Hilfe-Formulierungen werden Sie wahrscheinlich nie benutzen. Aber dass Sie diese Formulierungen z. B. griffbereit in der Brieftasche haben, beeinflusst Ihre Haltung: Sie sind gewappnet. In Ihrem Kopf und auf Ihrer Zunge sind schon entsprechende Wege geebnet.

Fazit
Fangen Sie noch heute an, über Ihre Leistungen zu sprechen. Halten Sie Kernbotschaften über sich parat: Dafür stehe ich (im Job). Bleiben Sie authentisch – es geht nicht um Behauptungen, sondern um Fakten, die für andere nachprüfbar sind. Formulieren Sie bei Bedarf Kernbotschaften pro Projekt oder pro wichtiger Person (▶ Kap. 6).

Entwickeln Sie eine effiziente Strategie

Was Sie in diesem Kapitel erwartet

Vieles gelingt mit einem guten Gespür für sich selbst und aus dem Bauch heraus. Für Selbstmarketingeinsteiger führt das »aus dem Bauch heraus« allerdings selten zum Erfolg. Damit Sie Ihren Einsatz im Selbstmarketing als Erfolg verbuchen können, entwickeln Sie auf den folgenden Seiten eine Strategie, die Sie mit etwas Überlegung und Disziplin leicht umsetzen können: Sie setzen sich als Marke in den Köpfen der Leute fest – und zwar ohne großen Aufwand. Außerdem erfahren Sie, wie Werbeagenturen vorgehen, wenn sie für eine Marke tätig werden – sie agieren weit weniger kreativ, als man denken mag; sie agieren systematisch. Holen Sie sich Ideen von den Profis und machen Sie Ihre Persönlichkeit und Leistung als Ihr Markenzeichen im ganz normalen Alltag mit System sichtbar.

Sie gehören zu denjenigen, die im Berufsalltag vergessen, dass es nicht allein darum geht, den Job zu machen oder gar zu bewältigen? Sie wollen eigentlich auch mal gelobt und anerkannt werden für Ihre Art, mit Patienten umzugehen, sich um einen fairen Dienstplan zu kümmern, flexibel im Auffangen von Krankheitsphasen von Kollegen zu sein …? Sie haben den Eindruck, Ihr Einsatz wird nicht mehr gesehen, wenn der Patient gesundet ist? Sie wissen gleichzeitig, dass Sie sich schlecht zur Sprache bringen können und nur zögerlich »Ich« oder gar »Ich will …« sagen?

Oder gehören Sie zu denen, die Sie sich wenig um den Konsens der Gruppe kümmern und sich erst einmal öffentlich Luft verschaffen? Die so präsent auftreten, dass sich andere wegducken und Ihnen wünschen, Sie könnten hin und wieder zielgerichteter vorgehen?

Sich selbst und andere wertzuschätzen ist ein Prozess. Die beteiligten Faktoren sind vielfältig und sehr individuell. Dieses Buch lädt

Sie ein, im Sichtbarwerden Ihrer Leistung und Person etwas wegzurücken von sich und Ihrem normalen Berufsalltag und stattdessen zu schauen, wie Menschen, die damit bereits Erfolg haben, vorgehen.

Das mag für den einen oder die andere mühsam sein, weil wir es nicht gewohnt sind, Nähe mit uns oder Distanz von uns selbst herzustellen, wenn etwas nicht rund läuft und wir etwas lernen könnten. Ein achtsames Steuern von beidem, Nähe und Distanz zu uns, ist eine Grundvoraussetzung für ein angemessenes Vorgehen in dem jeweils aktuellen Augenblick. Die folgende Strategie ist Ihnen geläufig oder zumindest bekannt: Wenn Sie Ihren Muskel trainieren wollen, schauen Sie ihn nicht dauernd an, sondern Sie tun etwas, was ihn in Anspruch nimmt – wenn Sie das systematisch, strategisch tun, passiert Folgendes: Ihr Muskel wächst. In diesem Kapitel bekommen Sie eine Idee, mit welcher Strategie Sie Ihren Muskel »Selbstmarketing« aufbauen und nutzen können.

So arbeiten Agenturen

Auch Werbe- und Presseagenturen lassen ihre Muskeln spielen im Auftrag für ein Produkt oder eine Information. Sie gehen dabei ganz strategisch vor: Sie unterscheiden zwischen Quantität (also Menge) und Qualität ihres Einsatzes. Sie führen Buch über ihre Kontaktaufnahmen zu Multiplikatoren, also zu denen, die ihre Infos verbreiten, z. B. Zeitungsredaktionen. Sie unterscheiden zwischen Aktion und Ergebnis.

Warum tun sie das? Agenturen haben den Vorteil, dass sie nicht etwas anbieten, was nah an ihrer Persönlichkeit ist (z. B. für das Wohl der Patienten einzutreten), sondern sie verdienen Geld mit ihrer öffentlichkeitswirksamen Leistung (z. B. eine neue Handy-Generation bekannt zu machen). Also müssen sie für ihren Kunden nachvollziehbar machen, was sie professionell eingesetzt haben. Ziel: Aktion und Erfolg dokumentieren, Leistung in Rechnung stellen.

Presseagenturen unterscheiden zwischen Aktion und Ergebnis (◘ Tab. 4.1). Ziel: Presseagenturen wollen die berechneten Positionen transparent machen.

◘ **Tab. 4.1** Aktion-Ergebnis-Notiz

Kundenkategorie, ggf. Name	Datum	Dauer	Aktion	Ggf. Wiedervorlage wann?	Ergebnis
Zeitschrift x	16.07.	17:00–17:05	Anruf wegen Interesse an Interview mit Autor B, Termin für 17.07. ausgemacht	17.07., 9:30 Uhr	
Zeitschrift x	17.07.	9:30–10:15	Nach Medieninteresse gefragt, Autor B, Thema erläutert, Pressemappe angeboten, hingeschickt	Nach 2 Wochen nachfassen. Interesse? Weitere Infos nötig?	
Zeitschrift x	02.08.	16:00–16:15	Nachfassgespräch, Interview hat bereits stattgefunden, erscheint in der Oktoberausgabe		Interview erscheint in der Oktoberausgabe

4.1 Aktions- und Ergebniskontrolle

Sie finden einen solchen Aufwand lästig? Wir Menschen sind so gestrickt, dass sich unsere Erinnerung an etwas verzerrt. Es ist normal und gut, dass wir die rosarote Brille aufsetzen, wenn es um uns

4.1 · Aktions- und Ergebniskontrolle

Tab. 4.2 Meine Aktion-Ergebnis-Notiz

Betei-ligte	Datum	Dauer	Aktion	Ggf. Wiedervorlage wann?	Ergebnis
Team	02.08.	14:00–14:15	Stationsbesprechung: Unordnung auf Station angesprochen, Aktenwägen nicht aufgeräumt	Nächste Stationsbesprechung, zwischendurch beobachten	
Team	06.09.	14:00–14:15	Stationsbesprechung: Standardisierung der Aktenwägen besprochen	Nächste Stationsbesprechung, zwischendurch beobachten	Ca. 60% der Mitarbeiter halten sich daran
Team	04.10.	14:00–14:15	Stationsbesprechung: immer noch einige Ausreißer, offensichtlich fehlt Einarbeitung an diesem Punkt bei neuen Mitarbeitern	Stationsleitung übernimmt die Kontrolle und Lösung des Problems	Einarbeitung der Neuen bezieht Ordnung auf Station und standardisierte Aktenwägen mit ein

selbst geht. In der Bewertung anderer sind wir oft gnadenloser. Und so vergessen wir, dass wir z. B. unsere Kolleginnen keineswegs hundertmal gebeten haben, den Aktenwagen aufzuräumen.

Notieren Sie eine Weile Aktionen und Ergebnisse in der Arbeit mit wichtigen »Kunden« (z. B. Kollegenkreis, Mitarbeiter, Chefin, Zuweiser). Sie können dann beobachten, was Sie eingesetzt und was Sie erreicht haben. Das Führen einer solchen Liste mag Aufwand sein, Sie ernten aber den Effekt, dass Sie z. B. sehen: Ja, tatsächlich achten Sie auf die Ordnung auf Station, aber Sie haben in

Tab. 4.3 Aktion-Ergebnis-Notiz als Feedback

Beteiligte	Datum	Dauer	Aktion	Ggf. Wiedervorlage wann?	Ergebnis
MA y	02.09.	11:00–11:45	Krisengespräch MA y geführt, auf meine Einladung hin, Vereinbarung s. Mail 16.07.; To-Do-Katalog aufgestellt	MA y meldet sich am 22.09., ansonsten am 01.10. nachfassen	
MA y	22.09.	9:00–9:15	Kooperative Stimmung; Weiterführung des Gesprächs in drei Monaten	15.12. Termin mit MA y machen zum Follow-up	Problem ist behoben, gute Prognose
Team x	02.02.	14:00–14:15	Im Team Diskussion über Unordnung; Ordnungsregeln aufstellen, Zettel an die Wand pinnen; bei jeder Sitzung halten alle im Auge, ob das klappt, ob etwas geändert werden muss	Drei Monate lang überprüfen alle, ob diese Punkte in Teambesprechungen eingehalten werden	Zufriedenheit über Konsens

der Zeit von drei Monaten nur dreimal (nicht hundertmal) in Stationsbesprechungen auf die Wichtigkeit von ordentlichen, standardisiert bestückten Aktenwägen hingewiesen (◘ Tab. 4.2).

Sind Sie in einer Leitungsposition, können Sie eine Liste wie diese dazu nutzen, die Arbeitsorganisation im Team oder die Sichtbarkeit der Leistung Ihres Teams vor Chef und anderen Berufsgruppen zu unterstützen (◘ Tab. 4.3). Die Liste zeigt Ihnen auch schnell, dass und wie sich Ihr Steuerungsverhalten ändert. Es ist so etwas wie ein Feedback, dass Sie sich selbst ermöglichen.

Aktion und Ergebnis sichtbar zu machen, ist ein Aufwand, der nur in bestimmten Fällen lohnt. Dieses Vorgehen entwickelt eine Bereitschaft, für sich selbst einzutreten und den Erfolg zu betrachten. Schreiben Sie Listen oder notieren Sie auf eine standardisierte Weise in anderen Medien, was Sie eingesetzt und was Sie erzielt haben.

😊 Übung

Wählen Sie ein Projekt oder eine Fragestellung, bei dem oder der Sie für sich selbst oder für Ihr Team etwas verändern wollen. Notieren Sie, was Sie tun und was Sie erreichen (◘ Tab. 4.4).

◘ Tab. 4.4 Aktion-Ergebnis-Notiz

Beteiligte	Datum	Dauer	Aktion	Ggf. Wiedervorlage wann?	Ergebnis

Aktionskontrolle

Notieren Sie, was Sie getan und eingesetzt haben. Nutzen Sie zur Aktionskontrolle (oder wie immer Sie das nennen möchten) Listen, einen Papierkalender, Karteikartensysteme, Outlook oder Datenbankfunktionen. Definieren Sie ein Anliegen, für das Sie etwas erreichen wollen, und notieren Sie dann für dieses Projekt: Was haben Sie getan, wann, wie lange? Diese »Buchführung« können Sie auch auf Aktionen mit ausgewählten Personen oder Gruppen ausdehnen: Was haben Sie getan, wann, wie lange? Oder Sie können auch pro Tag notieren: Was haben Sie an dem Tag getan: Für welches Projekt oder welchen Menschen waren Sie wirksam, wie lange? Das Ziel ist einfach formuliert: Machen Sie Ihre Aktion sichtbar. Zunächst für sich selbst.

Ergebniskontrolle

Gehen Sie ebenso bei der Ergebniskontrolle vor: Notieren Sie, was Sie eingesetzt haben und was Ihr Ergebnis war. Auch hier können Sie sich fragen:

- Pro Projekt: Was habe ich eingesetzt, was ist das Ergebnis?
- Pro ausgewählter Person oder Gruppe: Was habe ich eingesetzt, was ist das Ergebnis?
- Pro Geschäftsmonat/-jahr: Was habe ich eingesetzt, was ist das Ergebnis?

Machen Sie Ergebnisse sichtbar. Zunächst für sich selbst.

Was geschieht? Sie unterscheiden nach Menge des Einsatzes und Menge des Ergebnisses. Mit klarem Blick und Kontinuität gelingt die Analyse, dass Sie in einer Sache, die Ihnen wichtig ist, viel einsetzen und wenig erzielen – oder umgekehrt.

Klara Müller, 26, ist erst seit Kurzem in der Praxis und neben ihrer Arbeit zuständig für die Materialbestellung. Am Anfang hat sie die bisherige Organisation frustriert. Das Material war an verschiedenen Orten verteilt, sodass unnötigerweise Dinge doppelt bestellt wurden. Man fand abgelaufene Medikamente in einer Schublade, weil nicht allgemein bekannt war, dass sie mal bei Platzmangel dorthin verladen worden waren. Außerdem notierten Kollegen und die Chefin Material in die Liste, ohne standardmäßig ihr Kürzel hinzuschreiben. So musste Klara Müller mühevoll Handschriften zuordnen, wenn sie einen Ansprechpartner für eine Entscheidung über eine Alternative brauchte, weil das Gewünschte gerade nicht lieferbar war. Ihre Strategie ist durchdacht. Zunächst bespricht

▼

sie die Schwierigkeiten mit der Chefin, dann in der Teamrunde. Sie führt Buch darüber, wann sie was angesprochen hat und was vereinbart wurde. Sie weiß, dass sie das ganze Team und die Chefin für ihre Ordnungsidee gewinnen muss – und so präsentiert sie ihre Buchführung und verbindet damit einen Teamgedanken: »Jede und jeder hat seine Stärken. Gemeinsam sind wir stärker, erfolgreicher, entspannter.« Klingt wie eine erfolgreiche Selbstmarketingstrategie – ist auch eine: Alle profitieren.

4.2 Strategien für den Alltag

Das Beispiel von Klara Müller will zeigen: Selbstmarketing belastet nicht zusätzlich Ihren vollen Arbeitsalltag. Zunächst erfordert es etwas Übung und Konzentration, sich diese Sache anzueignen. Danach spart es aber Zeit und führt zur Erreichung selbst gesteckter Ziele. Das dezenteste, effektivste Selbstmarketing funktioniert projektbegleitend, in den Alltag integriert. Im Selbstmarketing gelten dieselben Kommunikationsregeln wie auch sonst im Berufsleben (▶ Top im Job: »Wie bitte?« [23]):

- Machen Sie nicht nur Ihre Arbeit, sondern nehmen Sie ab heute Ihre Arbeit zum Anlass für professionelle Selbstpräsentation.
- Investieren Sie einen Teil Ihrer Arbeitszeit in den Themenkomplex Selbstmarketing und transportieren Sie – sofern angemessen und sinnvoll – bei beruflichen Kontakten Ihre Kompetenz, Ihre Persönlichkeit, Ihre Kernbotschaften über Ihre Leistung.
- Überstrahlen Sie nicht alle, sondern seien Sie sichtbar. Beachten Sie den Kontext. Seien Sie präsent, aber nicht penetrant. Erlauben Sie sich, andere in der eigenen Präsentation mit strahlen zu lassen. Beteiligen Sie sich an einer Wertschätzungskultur, in der Sie die Interessen und die Performance anderer anerkennen.
- Zeigen Sie, dass Ihnen Ihre Arbeit Spaß macht. Seien Sie möglichst natürlich, locker, authentisch – entwickeln Sie einen sportlichen Ehrgeiz in eigener Sache.
- Feiern Sie Erfolge, ruhen Sie sich auf einem Erfolg aber nicht aus.

Abb. 4.1 Effektive Strategie. Machen Sie sich zur Gewohnheit, mit Ihrer Persönlichkeit und Ihrer Leistungsbereitschaft präsent zu sein

Selbstmarketing ist keine Arroganzschulung, die auf Kosten anderer geht. Es ist die Einladung, sich zu präsentieren und den anderen dabei mit einzubeziehen (Abb. 4.1). Auch Ihr Gegenüber möchte wahrgenommen und anerkannt werden.

Wie machen es die Profis?

Verkäufer lernen in ihren Schulungen, dass sie strategisch vorgehen müssen. Als Orientierung dient ihnen z. B. die AIDA-Formel:

- **A**-ttention: Zunächst muss Attention, also Aufmerksamkeit erzeugt werden. Das gelingt durch einen starken Slogan, eine besonders nette Art, eine gute Leistung.
- **I**-nterest: Als Nächstes gilt es, Interest, also Interesse zu wecken, damit der Kunde sozusagen nicht nur die Tür aufmacht, sondern den Verkäufer auch rein lässt. Das gelingt, wenn das Angebot einen Nutzen des Kunden trifft, der ihm wichtig ist.
- **D**-esire: Bei der AIDA-Strategie rechnet man jetzt damit, dass das Desire entsteht, also der Wunsch, das »Angebot« näher kennen zu lernen. Das gelingt, wenn der Verkäufer entspannt und

angenehm die Vorteile beschreiben kann – immer am Kunden orientiert.
- **A**-ction: Wenn der Verkäufer beim Kunden das D wahrnimmt (Desire, Wunsch), dann darf er aktiv werden und zum eigentlich »Kauf« einladen (Action).

Das mag für manche wie Manipulation wirken. Aber selbst für diese »Bedenkenträger« gilt: Es ist gut, solche Schrittfolgen zu kennen. Sie schaffen es z. B. mit Ihrer Leistungsbereitschaft im Team beliebt zu sein? Man will Sie nicht verlieren? Dann leihen Sie sich bei der AIDA-Formel einen Punkt, den Sie vielleicht regelmäßig vergessen: Erwarten Sie, dass Sie für außergewöhnliche Leistung einen Gegenwert erhalten (Action).

Stopp – es geht nicht immer um mehr Geld. Überlegen Sie, was für Sie zum Erfolg gehört. Das können nur Sie selbst definieren. Ihre Chefin gibt Ihnen einen Tag frei, mit dem Sie gar nichts anfangen können? Dann bringen Sie zur Sprache, was Sie leisten ... und dass Sie sich als Gegenleistung etwas anderes wünschen, nämlich einen anderen Tag und zwar xy.

Strategie durch Präsenz

Wem gerade mehr an einer gegenseitigen Respektkultur und Kontaktpflege gelegen ist, kann eine Strategie von Kommunikationsprofis kopieren. Kommunikation geschieht nur z. T. über das gesprochene Wort. Viel mehr noch wirkt Ihr nonverbales Verhalten:
- Seien Sie sichtbar und vernehmbar, z. B. indem Sie sich in einer Sitzung aktiv am Gespräch beteiligen.
- Nehmen Sie angemessen Raum ein, z. B. indem Sie bei einer Besprechung einen guten Platz am Tisch einnehmen und mit Schreibpapier und Notizen belegen.
- Zeigen Sie Präsenz, indem Sie anderen angemessen Raum und Redezeit zugestehen – behalten Sie achtsam im Auge, ob man Ihre aktive Haltung zur Kenntnis nimmt.

Klaus Petres, 46, weiß, dass er nicht der redefreudigste ist. Seine Performance im Job ist gut, aber wenn er wählen könnte, würde er den ganzen Tag mit niemandem sprechen – außer mit den Patienten. In seiner Freizeit fährt er Fahrradmarathon – das macht er zusammen mit seiner Freundin, die fast noch zäher ist als er. Berge hoch und runter, stundenlang. Nach einem Selbstmarketingseminar hat er sich zum Ziel gesetzt, »sichtbarer« zu werden. Er war froh, dass er das ohne viele Worte angehen kann – so wie er auch Fahrradetappen ohne viele Worte schafft. Er hat sich angewöhnt, auf ein gepflegtes Äußeres zu achten. In seinem Beruf nehmen das alle wahr, Männer wie Frauen. Außerdem hat er ein Präsentationsseminar an der Volkshochschule besucht, in dem mit Videoaufnahmen gearbeitet wurde. Ihm war das nicht sehr angenehm. Aber er weiß jetzt sehr genau, wie er aussieht, wenn er irgendwo nicht sein will – eingezogener Hals, ausweichender Blick, unbestimmte Sprechrichtung. Keine typische Haltung für einen Sportler. Mit diesem Bild aus dem Videofeedback ist er motiviert, aktiv gegenzusteuern. In wichtigen Besprechungen hält er jetzt den Kopf oben, lässt sich Zeit, Menschen wahrzunehmen, besinnt sich auf das, was er sagen will, holt tief Luft wie vor einer Bergetappe – und schafft die Herausforderung seither deutlich erfolgreicher.

☻ Übung

Haben Sie sich schon einmal überlegt, wie viel Raum Sie einnehmen? Suchen Sie sich einen Ort, an dem Sie ungestört sind, und stellen Sie sich hin. Überlegen Sie:
- Wie groß sind Sie?
- Wie viel Raum nehmen Sie ein?
- Stellen Sie sich eine typische Situation im Job vor, in der Sie mit einem anderen Menschen zu tun haben – verbal oder nonverbal: Wie viel Raum lassen Sie Ihrem Gegenüber?

Tab. 4.5 Körperorientierte, nonverbale Strategien

Nehmen Sie Ihre Körperhaltung wahr – und verändern Sie sie in dem Moment, in dem Sie im Gespräch etwas erzielen möchten	
Ausdehnen	◎
Hinbewegen	→O
Anziehen	⇐O

Körperorientierte, nonverbale Strategien haben den Vorteil, dass sie für Sie schnell spürbar, für Ihr Gegenüber schnell wahrnehmbar werden. Sehr effizient. Sie klappen allerdings bei vielen Menschen nur mit Übung und Feedback. Beides können Sie erreichen.

Wenn Sie sich auf die oben genannte Übung besinnen, können Sie sich überlegen, wie Sie sich jeweils verändern können. Veränderung ist ja wichtig, wenn es darum geht, in einer gewohnten Situation etwas Neues zu probieren. Vorstellbar wäre, dass Sie sich im Raum in einer bestimmten Größe wahrnehmen. Spricht dann etwas dagegen, sich in wichtigen Situationen »auszudehnen«? Sie können sich in einem Gespräch, in dem Sie jemanden für sich gewinnen wollen, auf ihn zu bewegen. Sie können ihm das Gespräch aber auch so angenehm machen, dass er sich von sich aus auf Sie zu bewegt (Tab. 4.5).

Klingt seltsam? Sie können das beobachten. Setzen Sie sich allein in Ihr Lieblingscafé und beobachten Sie Paare beim Gespräch. Sie erhalten schnell einen Eindruck, ob die beiden sich gerade etwas zu sagen haben.

Diese Anregungen auszuprobieren sollte Sie nicht anstrengen, sondern Ihnen Spaß machen. Lassen Sie sich anregen. Machen Sie etwas einfach mal anders als gewohnt. An einem bestimmten Punkt werden Sie Ihren Aufwand analysieren und dann möglicherweise viel strategischer und achtsamer werden:
1. im Auswählen von Kontakten,
2. in der Pflege Ihrer Kunden/Kontakte.

Auch im Marketing schätzt man das. Man sammelt Adressen von Kunden, ja, man kann Adressen sogar »kaufen«. Hat man sie einmal, pflegt man sie und weiß, was sie wert sind. In der Kommunikationspsychologie weiß man um den Umstand, dass Kommunikation dann gelingt, wenn die Partner gut aufeinander eingestellt sind (man nennt das Pacing). Davon soll im Folgenden die Rede sein – wir wechseln in ▶ Kap. 5 und ▶ Kap. 6 unsere Perspektive auf das Gegenüber und den Austausch mit ihm.

Fazit
Selbstmarketing funktioniert dezent und effektiv, wenn Sie es direkt an Ihre Arbeit andocken. Nutzen Sie Ihre Kontakte, und bauen Sie sie bei Bedarf aus. Investieren Sie 5% Ihrer Arbeitszeit in Selbstmarketing: Transportieren Sie sinnvoll bei allen Kontakten Ihre Kompetenz, Ihre Persönlichkeit und Leistung, Ihre 3–5 Kernbotschaften (USPs). Soweit angemessen lautet der Slogan zum Thema Strategie: Haben Sie immer Ihre USP parat. Machen Sie nicht nur Ihre Arbeit, sondern nehmen Sie Ihre Arbeit als Anlass zur professionellen Selbstpräsentation. Überstrahlen Sie nicht alles, sondern seien Sie kontextbezogen sichtbar. Präsentsein heißt nicht Penetrantsein. Erlauben Sie sich, andere in der eigenen Präsentation mitstrahlen zu lassen. Holen Sie aktiv Feedback ein bzw. nehmen Sie Feedback als solches wahr.

Professionell kommunizieren

Was Sie in diesem Kapitel erwartet

In diesem Kapitel erinnern Sie sich an Regeln des Miteinanders, die bekannt sind, die man aber regelmäßig vergisst oder nicht wirklich berücksichtigt. Stichworte sind: Medien, Verständniswege, Vorlieben, Worte, Botschaften ohne Worte, Situationen, die einem nicht liegen. Am Ende geht es wieder um das Ziel: Wie auch immer Sie mit Ihrem Ansprechpartner in Kontakt treten – tun Sie es, und verbinden Sie das mit den bekannten Regeln professioneller Kommunikation.

Professionelle Kommunikation – was ist das?

Über Kommunikation gibt es Regale voller Bücher. Denn das Thema ist nicht nur unerschöpflich, sondern bedeutet für jede und jeden etwas anderes. Zunächst einmal geht das Wort Kommunikation auf lateinisch »communicare« zurück, deutsch: teilen, mitteilen, teilnehmen lassen. Gemeint ist ursprünglich also etwas Soziales. Heute meint man mit Kommunikation auch Informationsaustausch. Und wenn wir darüber weiter nachdenken, wird es uns zunehmend schwerer fallen, überhaupt zu bestimmen, was Kommunikation ist. Und was ist dann erst »professionelle« Kommunikation?! Für unseren Zweck kann es hilfreich sein, eine Skizze zu machen, die die wichtigen Themen des Selbstmarketings in einen Zusammenhang bringen (Abb. 5.1; ▶ Top im Job: »Wie bitte?« [23]).

Im Gespräch vermischen sich die Ebenen von Ihnen als Privatperson, als Mitarbeiterin oder Mitarbeiter in Ihrem Haus und als Person innerhalb der Hierarchie Ihres Hauses. Das Sender-Empfänger-Modell (Abb. 5.1) zeigt, wie Sie einzelne Schritte auf dem Weg, sich selbst ins Gespräch zu bringen, verstehen und beschreiten können. In dem Modell gibt es zwei Teilnehmer: Sie selbst (Ich) und Ihr Gegenüber (»der andere«). Sie haben Stärken, Schwächen,

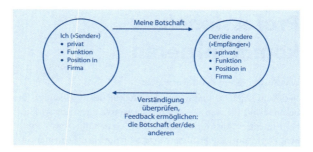

Abb. 5.1 Etappen und Ebenen des Selbstmarketings nach dem Sender-Empfänger-Modell

eigene Ziele, eigene Grenzen – Ihr Gegenüber auch (nur kennen Sie diese nicht immer).

Wir können alle immerzu etwas über uns erzählen. In der professionellen Kommunikation geht es aber darum, in einer bestimmten Rolle, innerhalb eines Kontextes ein definiertes Ziel zu erreichen – und zwar unter Einbeziehung der Beteiligten. Sie haben in ▶ Kap. 3 und ▶ Kap. 4 überlegt und formuliert: »*Was habe ich über mich zu sagen?*« Und: »*Wem will ich das wann sagen?*« Das ist Ihre Botschaft – mit der Sie Ihr Gegenüber erreichen wollen. Haben Sie Ihr Gegenüber erreicht, möchten Sie von ihm ein Feedback – Sie möchten wissen, was er verstanden hat, ob er noch Fragen hat, was er zu bemerken oder selbst zu erzählen hat usw.

Soweit ist alles klar und selbstverständlich. Aber in diesem Informationsaustausch können Störungen auftreten – nach kurzem Innehalten wissen wir alle: Es kann sogar eine große Menge an Störungen auftreten. Zunächst einmal kann das »Medium« gestört sein. Wenn Sie z. B. mit jemandem am Telefon diskutieren wollen, der gerade keine Zeit hat oder der sich am Telefon nicht richtig auszudrücken vermag, dann werden Sie vielleicht Ihre Botschaft los – ob Sie Ihr Gegenüber erreichen, steht in den Sternen (◻ Abb. 5.2). Dieses Kapitel widmet sich der Frage, welches »Medium« Sie am besten für sich nutzen können und wie Sie die Klaviatur der Kom-

Abb. 5.2 Professionell kommunizieren: so nicht!

munikationswege erlernen und/oder leichthändig spielen können. Um das Gegenüber wird es in ▶ Kap. 6 gehen.

5.1 Kommunikationswege und -medien

Sie wollen sichtbarer werden mit Leistung und Person von sich selbst, von Ihrem Team, von Ihrem Berufsstand? Dann gibt es eine Kurzform: Ziehen Sie, sofern angemessen, den persönlichen Kontakt einem Telefonat vor, ein Telefonat einer Mail. Warum? Weil Sie im persönlichen Kontakt Ihre (nonverbale) Kraft Ihres aktuellen Auftritts nutzen können: Ihre Haltung, Stimme, Ausstrahlung, Kleidung …

Überlegen Sie, wie einzelne Medien ticken. Eine Mail funktioniert anders als ein handgeschriebener Brief. Selbst Flurfunk ist manchmal ein guter Kommunikationsweg. Zu all diesen Wegen gibt es gute Bücher oder Seminare, z. B. »Wie telefoniere ich richtig?« [1], »Mail-Knigge« [15], »Kleidung machen Leute« [9]…

Aber das wichtigste ist: Werden Sie aktiv – und verbinden Sie das Gespräch mit Ihren Kernbotschaften (▶ Abschn. 3.3) und mit einer professionellen Präsenz.

> ☺ **Übung**
>
> In der folgenden Checkliste können Sie Möglichkeiten prüfen, wie Ihre Botschaft ankommt und welche geeigneten »Medien« Sie für sich noch nutzen könnten. Sie kommen in den Raum, Sie schreiben eine Mail, Sie erreichen Ihre Gesprächspartnerin am Telefon – und … Sie werden wahrgenommen. Nach den ersten Worten akzeptiert man Sie als kompetente Fachfrau, als kompetenten Fachmann. Schön! Bringen Sie die Voraussetzungen dazu mit?
> - ❏ Ich weiß um meine ganz individuelle Körperstrategie, im Berufskontakt präsent zu sein.
> - ❏ Ich nutze Sprache und Atem, auch Pausen, für eine aussagekräftige Selbstpräsentation.
> - ❏ Ich kann fehlerfreie und professionelle Briefe und Mails schreiben.
> - ❏ Ich setze Stimme und Wortwahl bewusst ein (ohne gekünstelt zu wirken).
> - ❏ Ich habe Freude an Kontakten.
> - ❏ Ich habe neben meinem Sofa Bücher zu folgenden Themen liegen: Rhetorik, Humor, kreatives Schreiben.
> - ❏ Ich weiß, welche Kommunikationsmedien mir liegen: Mir ist bewusst, was ich kann und was nicht.
> - ❏ Ich weiß, wie ich bei dem jeweiligen Medium (z. B. Gespräch, Telefonat, Mail) auf andere wirke und ob ich ankomme – dazu habe ich schon Seminare mit Videofeedback besucht.
>
> ▼

❏ Ich bin flexibel genug, beim Gespräch die Orte oder die Körperhaltung zu wechseln, damit ich nicht erstarre, sondern vital rüberkomme (beim Telefonat vom Sitz aufstehen, wenn es brenzlig wird; beim Gespräch sich zunächst auf dem Stuhl anlehnen, um sich dann nach vorn beugen zu können, wenn etwas wichtig wird, etc.).
❏ Ich will demnächst Unterricht in Stimmbildung nehmen, um die Ausdruckskraft meiner eigenen Stimme und Stimmung zu erkunden.
❏ …

Was tun mit meinen Schwächen?

Gehören Sie zu denen, die eher spontan sagen können, was Ihnen nicht gelingt, und sind Sie zögerlich, sich auf Ihre Stärken-Kommunikation zu besinnen? Es ist tatsächlich so, dass man Schwächen nicht dadurch unter den Tisch kehren kann, dass man munter die Vorzüge seiner Leistung preist. Wir haben alle Persönlichkeitsanteile, die nicht sofort sichtbar sind, die aber unsere Botschaften beeinflussen. Ein Modell, das von Joseph Luft und Harry Ingham entwickelt und deshalb den Name Johari-Fenster trägt [13], versucht zu skizzieren, wie man sich selbst sieht und was andere von einem sehen (Selbst- und Fremdbild; ◘ Abb. 5.3):

– Kommunikation, so meinen wir, findet da statt, wo Sie mich sehen und ich Sie sehe (◘ Abb. 5.3: Bereich 1). Das trifft in großen Teilen auch zu.
– Allerdings habe ich einen Bereich, den nur ich kenne (Bereich 2) – ich kann ihn vor Ihnen verbergen. Ich lasse Teilnehmer in einer Schulung z. B. nicht wissen, dass ich Kopfweh habe. Aber es kann auch sein, dass ich vor Kopfweh so verkniffen gucke, dass Sie denken: »*Was hat sie bloß?*« Und ich hätte mir wie Ihnen einen Gefallen getan, hätte ich Ihnen gegenüber meine Kopfschmerzen kurz erwähnt. Dieser Bereich, der nur

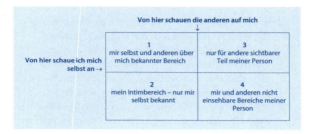

Abb. 5.3 Was wir von uns sehen, und was andere von uns sehen. Selbstbild, Fremdbild

mir bekannt ist, kann mir also Schutz bieten, dieser Bereich kann mich aber auch blockieren.
- Bereich 3 der Abbildung zeigt einen Teil von mir, den nur Sie sehen. Sie sehen z. B., dass ich mich im Nacken kratze, wenn ich überlege. Das erfahre ich nur, wenn Sie mir das erzählen, wenn ich nach Ihrem Feedback frage oder wenn ich auf ein anderes Feedback-Mittel zurückgreife und mir Videoaufnahmen meiner Schulungen ansehe. Dieser Bereich, der Ihnen bekannt ist, aber für mich zunächst ein blinder Fleck auf meiner Landkarte bedeutet, birgt Potenziale für mich – hier ist Feedback-Bereitschaft und wohlwollender Austausch gefragt.
- Last but not least ist Bereich 4 der Teil der Kommunikation, der Ihnen wie mir verschlossen bleibt. Es sind unbewusste Teile, die nur mit Analyse, Meditation o. ä. zugänglich werden. Dennoch gibt es sie irgendwie, und wir sollten sie mit Respekt behandeln – sie sind wie ein leerer Stuhl, den wir für den Überraschungsgast an den Tisch stellen.

Selbstmarketing lädt Sie also ein, in Bereich 1 aktiv zu werden. Es lädt Sie aber ebenso ein, sich mit Muße dem Erkunden des gesamten Bildes zu widmen. Und tatsächlich: Ihre gesamte Persönlichkeit brauchen Sie nicht bewerben. Das dürfen Sie Stars und Sternchen der Glamourwelt überlassen.

5.2 Welcher Weg für welchen Anlass?

In ▶ Kap. 6 werden Sie erfahren, wie Sie Ihre/n Hauptadressaten definieren und finden. Bevor wir uns ihnen zuwenden, soll es noch um den Weg zwischen Ihnen und Ihrem Gegenüber gehen. Die Kommunikationsart kann nicht nur etwas sein, was Ihnen liegt oder zu dem Sie sich überwinden, nach dem Motto: »*Puh, jetzt ist es raus.*« Professionell ist es, wenn Sie noch genügend Kalkül besitzen, zu schauen, was mit Ihrer Botschaft geschieht.

Auf Paul Watzlawick [26] geht die Aktionsaufforderung zurück, der Sender einer Botschaft sei verantwortlich dafür, dass die Botschaft beim Empfänger ankomme (◻ Abb. 5.1). Da mag sich jemand fragen: »*Wie kann es sein, dass ich für den Erfolg der Kommunikation verantwortlich bin, wo es doch scheint, als habe der oberste Chef gar kein Interesse an mir?*« Lassen Sie sich von solchen Beispielen nicht aufhalten, denn es wird immer einen bestimmten Prozentsatz geben, zu dem Ihre Pläne nicht aufgehen, Ihre Absichten nicht erreicht werden. Sie werden sehen: Fangen Sie einmal an, werden Sie Erfolg haben. Nicht 100-prozentig, aber deutlich mehr als zu Beginn.

Übrigens: Was auch stimmt: Man kann Kommunikation nicht »machen«, man muss sie geschehen lassen. Das ist deshalb so, weil wir Menschen einen Instinkt dafür haben, wenn wir manipuliert werden. Wir wollen alle eigentlich nur so sein, wie wir sind, und in mehr oder weniger Ruhe vor uns hin leben und arbeiten. Kommunikation, Austausch, Wahrnehmen … geschieht einfach. Wir können, und auch das geht auf Watzlawick zurück, nicht »nicht kommunizieren«.

Tessi Erlenbach, 24, vermeidet es, das zentrale Patientenmanagement anzurufen. Ihr Kollege dort scheint nämlich nicht nur superkompetent, sondern auch superarrogant zu sein. Da Tessi noch nicht lange auf Station ist, hatte sie noch keine Gelegenheit, ihn kennenzulernen. Die anderen sagen: »*Hunde, die bellen, beißen nicht.*« Tessi
▼

möchte die Idee des Selbstmarketings für sich nutzen und gewöhnt sich jetzt an, ihren Kollegen am Telefon zunächst zu grüßen und sich Millisekunden Zeit zu lassen, um wahrzunehmen, wie er gelaunt ist. Sie bezieht es nicht mehr auf sich, wenn seine Stimme am Telefon gequält klingt. Sie nutzt ihre Eindrücke, um mehr über den Kontext des Kollegen herauszufinden, ihn wahrzunehmen. Denn gute Kommunikation zwischen den beiden kommt der Station und den Patienten zugute. Was den vollmundigen Kollegen angeht, wird sie nicht netter, sie zieht sich aber innerlich eine dickere Weste an.

Wir alle haben konkrete, aber unbewusste Vorstellungen von dem, wer wir, die anderen, die Welt sind. Schauen Sie einen Moment vom Buch auf, fixieren Sie die Wand gegenüber und malen Sie in Gedanken einen Baum. Und jetzt stellen Sie sich vor, wie wohl Ihre Lieblingskollegin ihren Baum malen würde. Es ist leicht vorstellbar, dass wir alle sehr unterschiedliche Bäume malen, wenn wir eingeladen werden, einen Baum zu malen. Was glauben Sie aber, wie unterschiedlich die Vorstellungen ausfallen, wenn es um Folgendes geht:
- Zeit haben,
- freundlich sein,
- anerkannt werden.

Wir filtern, generalisieren, fügen hinzu – ohne es zu wissen. Wir Menschen sind so. Wir müssen aktiv wahrnehmen und zuhören, um zu erfassen, was der andere gerade sagt. Sind Gefühle im Spiel, gelingt das noch mühsamer.

Was im Gehirn passiert

Die Neurobiologen und -psychologen können zeigen, was passiert, wenn wir etwas tun, oder was bleibt, wenn wir etwas erlebt haben [3]. Anschaulich ist folgende exemplarische Rechnung: Unser Gehirn hat einen enormen Arbeitsspeicher.
- Es kann ca. 400 Wörter pro Minute verarbeiten.
- In einem normalen Gespräch werden ca. 200 Wörter pro Minute ausgetauscht.

- Das heißt: Während eines normalen Gesprächs sind 50% unsere Gehirns nicht ausgelastet.
- Das heißt auch: 50% des Gehirns des Gegenübers sind nicht ausgelastet.

Können Sie sich vorstellen, was mit dem Potenzial von zwei Gehirnen geschieht, die zur Hälfte nicht ausgelastet sind? Der eine überlegt, was er heute Abend kochen will und was er dazu noch einkaufen muss. Die andere sieht die Denkfalte auf der Stirn des Gegenübers, seine hin- und hergehenden Augenbewegungen und denkt: »*Genauso guckt mein Mann, wenn er mit seinen Gedanken woanders ist; warum können Männer nicht einfach mal zuhören.*«

Wenn wir kommunizieren wollen, sollten wir bewusst dem anderen zuhören. Nicht bewerten, einfach nur hinhören und hinschauen. Nonverbales berücksichtigen. Rechnen Sie zu einem gewissen Teil mit Missverständnissen und Unverständnis. Kernbotschaften (▶ Abschn. 3.3) sind ein Garant dafür, dass Sie sich auf Wichtiges beschränken und dies bei Ihrem Gegenüber ankommt.

😊 Übung

Wählen Sie aus der folgenden Liste ein oder zwei Maßnahmen, die Sie in der nächsten Woche ausprobieren wollen, um Ihr professionelles Kommunikationsverhalten noch etwas zu verbessern.

❏ **Aufmerksam sein**: Alle Konzentration auf das Gegenüber und auf Ihren Gesprächsanlass. Sind Sie wirklich hier? Oder kaufen Sie bereits nebenbei die Zutaten für das Essen heute Abend? Das Gegenüber wird merken, ob Sie sich ihm zuwenden.

▼

- **Anschauen**: Sehen Sie Ihr Gegenüber? Fühlen Sie sich selbst wahrgenommen? Interesse ist sichtbar: durch große Pupillen, ein Aufscheinen in den Augen … Oder haben Sie Hintergedanken und suchen konzentriert nach Ideen an der Wand hinter Ihrem Gesprächspartner? Oder wandern die Augen Ihres Gegenübers?
- **Reaktionen zeigen**: Es klingt abgegriffen, aber Ihr Gegenüber fühlt sich wahrgenommen und verstanden, wenn Sie kurze Bemerkungen fallen lassen: »Aha.« »Ach ja?« »Ach so.« »Ja, ich verstehe.« »Das ist bei mir auch so.« …
- **Wiederholen**: Angenehm empfinden wir, wenn jemand dieselbe Sprache spricht wie wir. Das ist auch für Ihr Gegenüber so. Greifen Sie Schlüsselbegriffe auf. Jemand sagt: »Mir ist wichtig, dass mein Vater hier gut behandelt wird.« – Wiederholen Sie: »Ja, gut behandelt.« Sie müssen noch nicht gleicher Meinung sein, Sie signalisieren zunächst, dass Sie ihm zugehört haben.
- **Aktives Zuhören mit dem ganzen Körper**: Zuhören geschieht nicht nur über die Ohren und zeigt sich nicht nur über das, was wir sagen: Nonkommunikatives Verhalten sagt oft mehr als 1000 Worte. Wenden Sie sich Ihrem Gegenüber zu? Ist Ihre Stimme kohärent zu der Ihres Gesprächspartners? Wie ist Ihrer beider Tonlage? Ist die Haltung entspannt aktiv?

Gute Fragen stellen

Wir können durch Fragen herausfinden, ob der andere »auf Sendung/eingeschaltet« und ansprechbar ist. Gute Fragen führen zu brauchbaren Antworten. Im Journalismus gibt es klassische W-Fragen: Wer? Was? Wo? Wann? Wie? Auch: Welche Quelle? In Leitungsfunktionen könnte die Frage interessieren: Wie viel? Und man könnte konkretisieren: Was genau? Achtung bei der Frage nach dem Warum: Hier bringen wir jemanden in eine Rechtfertigungssituation – das sollten wir vermeiden. Achten Sie einmal darauf, wie häufig im Alltag »Warum« gefragt wird, wenn jemand seine Interessen vorgebracht hat. Verzichten Sie bewusst auf das Warum, müssen Sie aktiv Interesse am Gegenüber entwickeln und sich selbst fragen: Was möchte ich jetzt eigentlich konkret wissen? Schalten Sie dieses kleine Selbstgespräch ein, können Sie anschließend üben, sich statt eines Warum bei den anderen W-Fragen zu bedienen.

Aus der Gesprächsführung kennen wir verschiedene Fragetypen. Fragen können Interesse ausdrücken. Fragen können Ihnen auch wichtige Informationen verschaffen, die Sie brauchen, um Ihr Gegenüber besser einzuschätzen und Ihre Kernbotschaften angemessener zu »senden«. Man sagt: »*Wer fragt, führt.*« Aber berücksichtigen Sie, dass Ihr Gegenüber frei ist wie Sie selbst – es ist allein seine Sache, ob und wie er antwortet und ob er selbst Fragen an Sie hat. Gegenseitige Wertschätzung sollte dem Gespräch zugrunde liegen. Und: Durch Ihre Art zu fragen und ein Gespräch zu führen, zeigen Sie immer auch etwas von sich. Einige Fragebeispiele:

- **Offene Fragen**: Fragen Sie nach Meinungen, Absichten, Wünschen. Laden Sie jemanden ein, sich selbst darzustellen. Zeigen Sie Ihre Bereitschaft, zuzuhören. Beispiel: »*Was meinen Sie, wenn Sie sagen …?*«, »*Wie sehen Sie das, wenn …?*«
- **Puffer-Fragen**: Gelegentlich wissen wir selbst nicht so recht weiter und wollen Zeit gewinnen. Dann wollen wir zwar wie bei den offenen Fragen weitere Informationen einholen, das eigentliche Ziel ist aber der Puffer für ein Selbstgespräch. Beispiel: »*Ich habe noch nicht richtig verstanden. Wie würden Sie das mit kurzen Worten beschreiben?*«
- **Geschlossene Fragen**: Mit diesen Fragen erwarten Sie eine konkrete Aussage oder sogar ein Ja oder Nein. Beispiel: »*Haben Sie das Problem schon mit jemandem besprochen?*«
- **Gibt es Alternativen?** Hier grenzen Sie die geschlossene Frage noch ein und fokussieren bewusst auf zwei Alternativen. Bei-

spiel: »*Kommt es Ihnen nun auf den Dienstplan oder auf Ihre Überstundenregelung an?*«
- **Provozierende Fragen**: Sie haben eine Hypothese, kommen im Gespräch nicht weiter und drücken mit einer Frage aufs Gaspedal. Beispiel: »*Ist es so, dass Sie …?*« »*Aber Sie meinen schon, dass …?*«

Fazit

Je nach Konstitution hat man beim Miteinander Vorlieben sowie eigene Stärken und Schwächen. Machen Sie sich die jeweiligen Vor- und Nachteile von Kommunikationsstilen und -wegen klar. Machen Sie sich auch klar, wo Sie sich selbst im Weg stehen oder wo Sie den anderen schlichtweg »zulabern«. Ein japanisches Sprichwort lautet: »*Du kannst nicht mit einer Hand klatschen.*« Die Moral von der Geschicht': Egal wie – Hauptsache Sie kommunizieren und verbinden das mit Ihren Kernbotschaften und Ihrer professioneller Präsenz. Sie haben etwas zu bieten. Zeigen Sie das so, dass der andere es wahrnimmt – und gern weiter trägt.

Ihre »Kunden«: Prioritäten setzen

Was Sie in diesem Kapitel erwartet

Marketingfachleute und Presseexperten widmen sich mit Sorgfalt der Kategorisierung ihrer Kunden. Und obwohl diese Experten es mit sog. Verteilern von z. B. 5000 Kundenadressen zu tun haben und wir mit 15–150 »Kunden« Kontakt suchen oder haben, ist es sinnvoll, diese Kunden zum Zweck des Selbstmarketings zu analysieren. Definieren auch Sie, wer für Sie zum Zwecke der Selbstpräsentation Ihre »Öffentlichkeit« ist. Wer hat Priorität für Sie? Wie können Sie die Kundengruppe ansprechen? Was haben Sie diesen Menschen zu bieten? Machen Sie sich für Ihren Kunden zu einer wertvollen Marke, zu einem »need to have«, zu jemandem, auf den man nicht mehr verzichten will.

Pacing

Liest man über Kommunikationspsychologie, kann man meinen, dass gelungene Kommunikation eigentlich Glückssache ist. Je nach Ziel in der Kommunikation kann man aus dieser Erkenntnis lernen, dass der Hauptteil von gelungener Kommunikation darin besteht, sich aufeinander einzustellen. Man kann dann Techniken lernen, wie man durch ein Miteinander (»Pacing«) ein vertrauensvolles Verhältnis (Rapport) zu einer anderen Person aufbaut.

Es ist angenehm, wenn eine andere Person uns Interesse und Aufmerksamkeit entgegenbringt. Und doch ist diese Technik fernab von Nettsein. Denn wenn Sie einen Menschen »pacen«, können Sie ihn auch erreichen (»Leading«; [18]). Schon allein aus diesem Grund kann es sinnvoll sein, sich mit diesem Selbstmarketingthema auseinanderzusetzen: Sie können andere Menschen identifizieren, die andere im negativen Sinne beeinflussen oder gar manipulieren.

Im Visier: Ihr Gegenüber

Gleichwohl: Indem wir uns begegnen, beeinflussen wir uns – und das ist wiederum die Einladung zum Selbstvermarkten. Da Sie sowieso sichtbar sind, beeinflussen Sie doch einfach ab heute, was man von Ihnen auf alle Fälle wahrnehmen soll. Je »echter«, authentischer, kongruenter Sie dabei sind, umso nachhaltiger wird die Wirkung sein.

Energie sparen

Vom kommunikativen Aspekt her ist es recht praktisch und ratsam, sein Gegenüber genau wahrzunehmen. Man kann dann seine Botschaft (▶ Kap. 3) so platzieren, dass sie garantiert ankommt. Das spart Energie!

Im Folgenden überlegen Sie wie ein Profi, wer für das aktuelle Ziel Ihres Selbstmarketings Ihr Gegenüber ist. Das ist Ihnen zu abstrakt? Ganz einfach: Es ist ein Unterschied, ob ich meiner Mutter oder meinem Partner sage, dass ich schwanger bin – ich werde die Botschaft immer auch an den Interessen und an den Verständnismöglichkeiten meines Gegenüber einstellen. Oder: Es ist ein Unterschied, ob Sie Ihrer Chefin sagen, dass Sie eine Gehaltserhöhung angemessen finden, oder ob Sie Ihrer Freundin davon erzählen.

Der Nutzen des anderen

In ▶ Abschn. 3.3 haben Sie zwei Fachworte der Profis kennengelernt: USP (»unique selling points«) und UCVP (»unique customers value points«). Und hier ist ein Punkt, an dem es gut ist, sich diesen Profi-Erfahrungsschatz in Erinnerung zu rufen: Nur wenn Sie wissen, was Ihr »Kunde« braucht, was ihm nutzt (»value«), können Sie überprüfen, ob Ihre Botschaft für ihn überhaupt interessant ist, gehört wird, Früchte trägt. Und hier spielt auch eine Rolle, dass Sie in ▶ Abschn. 3.1 Stärken und Schwächen destilliert haben: Freilich ist – zumindest im Sinne Ihrer starken, sichtbaren Marke – nur Ihre Stärke für Ihr Gegenüber nützlich. Oder?

Aaron Peters, 52, hat als Stationsleiter lange Jahre versäumt, seine eigenen Ziele zu verfolgen. In einer typischen Sandwich-Position zwischen Team und PDL war er der verbindliche Zuhörer, der zudem noch für die Organisation gerade stand und bei kleinen Kommunikationsschwierigkeiten zwischen anderen Berufsgruppen vermittelte. Erst die Idee, sich selbst als Marke zu verstehen, brachte ihn dazu, mit seiner exzellenten Leistung »hausieren« zu gehen. Seine Kernzielgruppe: sein Team. Seine Nebenzielgruppe: die Stationsärzte. Er weiß jetzt, »Marketing« ist ein Wort, das ihm hilft, professionelle Distanz zur Gesamtsituation zu bekommen und selbst zu steuern, wie er mit seinem Engagement und seiner Erfahrung auch andere motivieren und zu Kooperation anregen kann.

6.1 Zielgruppen identifizieren

Aus dem Bauch heraus würde so mancher sagen, er möchte, dass seine Botschaft »jeder« hört. Aber deshalb ist im professionellen Sinne die Zielgruppe noch lange nicht: »alle«. In Facebook scheint es so zu sein, dass viele Kontakte gut sind. Aber das kommt auf das Ziel an, das Sie verfolgen.

»A-, B-, C-Kunden«

Fachleute in Presse und Werbung unterscheiden bewusst Kundengruppen; sie steuern, wem sie wie viel Zeit und Kosten widmen, und definieren A-, B- und C-Kunden. Dabei sind in der Werbung A-Kunden z. B. die Kunden, mit denen die Firma den meisten Umsatz erzielt. Für eine Presseagentur sind A-Kunden z. B. die Zeitschriften mit den höchsten Auflagen bei der anvisierten Zielgruppe. A-Kunden sind die »Kernzielgruppe« für ein Produkt oder ein Angebot.

Finden auch Sie angemessene, zielorientierte Kontaktkategorisierungen. Das »spart« Ihnen Energie und erhöht den Effekt Ihres Einsatzes.

In ▶ Abschn. 6.2 lernen Sie Ihre A-, B- und C-Kunden kennen. Um diese Unterscheidung zu treffen, ist es für manchen wichtig, zunächst Prioritäten auch dadurch zu setzen, dass sie noch einmal zwischen ihren Interessen als Privatperson einerseits und ihren Interessen als Funktionsträger (Rollenklärung) sowie ihrem professionellen Auftrag (Auftragsklärung) andererseits unterscheiden (▶ Abschn. 3.3) – und das innerhalb der gegebenen Strukturen des Hauses, in dem sie tätig sind (und in denen gelegentlich Rollen nicht klar definiert sind).

Rollenklärung: Wer wir sind, und wie wir uns verhalten

Wie wir uns aktuell verhalten, korreliert mit der aktuellen Umwelt (Kontext). Wer sind Sie z. B. gerade? Sie sind vielleicht Privatperson, Pflegekraft, Repräsentantin Ihrer Praxis, Repräsentantin Ihres Berufsstandes, Leserin … Man spricht dabei wie schon erwähnt auch von »sozialen Rollen«. Jede »Rolle« steht in Zusammenhang mit einer persönlichen Reaktion auf die spezifische Umwelt; sichtbar durch ein für Sie in diesem Kontext dominantes (»typisches«) Verhalten.

Grundsätzlich gilt: Seien Sie, wie Sie sind! Bei Reibungspunkten oder wenn Sie ein Ziel (wie z. B. ein Selbstmarketingziel) erreichen wollen, hilft eine »Rollenklärung«: die Besinnung auf die sozialen Rollen, die Sie gerade »spielen« (also das eigene Verhalten, das durch die unterschiedlichen Kontexte angesprochen/ getriggert wird). Dabei geht es beim »Spielen« nicht um ein Vorspielen, sondern schlichtweg um einen anderen Aspekt innerhalb Ihres Verhaltensrepertoires. Ein Beispiel: Es ist ein Unterschied, ob Ihnen Ihre 3-jährige Tochter weinend entgegenläuft oder ob ein Patient Schmerzen hat und Ihre Hilfe braucht. Oder?

Setzen Sie kontextbewusst Prioritäten – wir können nicht immer volle Leistung als Mensch und Funktionsträger bringen. Lernen Sie deshalb, zwischen Privatperson und Funktionsträger zu unterscheiden. Wem das zu abstrakt ist, der findet vielleicht hier ein passendes Beispiel:

- Auf Station (Kontext) gibt es Ärger: Sie reagieren so sauer, dass gerade gar nichts geht; kümmern Sie sich um Ihr krisenhaftes Empfinden (*persönliche* Priorität), verschonen Sie andere von Ihrer Reaktion, und tragen Sie so ein Stück zur Lösung bei.
- Auf Station (Kontext) gibt es Ärger? Besinnen Sie sich auf Ihren Arbeitsauftrag (*berufliche* Priorität), und verhalten Sie sich so, dass Sie zu einer Problemlösung und Auftragserfüllung beitragen.

Auftragsklärung: Welche Aspekte gilt es zu beachten?

Menschen, die in Dienstleistungsberufen arbeiten, haben diesen Beruf ursprünglich oft aus persönlicher Neigung gewählt. Einen Beruf auszuüben, der zu einem passt, ist etwas Herrliches. Allerdings besteht darin – zumindest in Stress- oder Entwicklungsphasen – eine besondere Aufgabe zu Klarheit und Differenzierung. Nur wenn Sie wissen, was Ihr professioneller Auftrag ist, können Sie auch bestimmen, was nicht zu Ihrem professionellen Auftrag gehört. Das ist komplizierter, als es sich anhört. Durch Verdichtung der Arbeit und Kostendruck lastet v. a. auf engagierten Mitarbeitern ein enormer Druck. Und wer nicht krank wird, kompensiert unter Umständen noch Personalausfall von Kollegen.

Professionell agieren und in eigener Sache werben gelingt, wenn Rolle und Auftrag »geklärt« sind. Wenn man weiß, was der eigene Job ist, was Vorgesetzte, Kollegen und unter Umständen Mitarbeiter von dem Job erwarten, den man macht. Und hier geht es nicht um diffuse Erwartungen (»soll nett sein«, »soll meine Dienstplanwünsche erfüllen« etc.), sondern um das, was z. B. in einer Stellenbeschreibung hinterlegt ist, was in Mitarbeitergesprächen definiert wurde, was Sie in Teambesprechungen als Absprachenkatalog fixiert haben.

Personen kategorisieren: Wer ist wichtig?

Rollen- und Auftragsklärung können hilfreiche Ansatzpunkte sein, wenn Sie bei der folgenden Frage ins Stocken geraten und nicht weiterkommen: »*Wer soll wissen oder erfahren, was ich, mein Team, mein Berufsstand, meine Klinik ... kann und erreichen will?«* Erst nach diesem Schritt wird deutlich, wer beruflich wichtig ist – wer Ihre A-, B- oder C-Kunden sind. In ▶ Abschn. 6.2 können Sie das für sich üben und konkretisieren. Es ist sinnvoll, so viel über den Kontext der wichtigen Personen herauszufinden und festzuhalten, wie möglich. Jede Info hilft, den Kontakt zielgerichteter zu nutzen.

Anna Tessloff, 31, ist Teamleiterin in einer Praxis mit elf Mitarbeiterinnen. Sie will Selbstmarketing als Führungstool einsetzen und weiß ihre Zielpersonen schnell zu benennen: Ihre »A-Kunden« sind die Mitarbeiterinnen, die sie aktiv führen muss. Ihre »B-Kunden« sind die beiden Praxisärzte, um die sie sich nicht weiter kümmern muss; sie muss nur im Auge behalten, dass das hohe Niveau der Zusammenarbeit bestehen bleibt. C-Kunden definiert sie nicht.

6.2 Prioritäten analysieren

Täglich haben wir mit vielen Menschen zu tun. Und hier wie woanders besteht die Gefahr, sich zu verzetteln. Profis haben zwei weitere hilfreiche Wortpaare, die Sie sich zunutze machen können. Man unterscheidet zwischen

- »need to have« (muss man haben) und
- »nice to have« (ist nett zu haben).

Das wenden sie auf Produkte und auf Kundengruppen an. Sie können das leicht auf sich anwenden. Überlegen Sie einen Moment: Welche Produkte müssen Sie haben? Und welche finden Sie einfach schön, aber nicht notwendig? Gute Arbeitsschuhe müssen Sie wahrscheinlich haben. Einen originellen Kaffeebecher zu haben, ist vielleicht nett, aber nicht nötig. Deutlicher wird es noch, wenn Sie 100 € haben und dringend Arbeitsschuhe brauchen. Da sie diese haben müssen und sie 98 € kosten, kaufen Sie keinen Kaffeebecher, den sie irgendwie auch gern haben würden. Wenden Sie diese Einsicht für Ihr Selbstmarketing an:

6.2 · Prioritäten analysieren

- Welche Person oder Personengruppe ist für Ihr Selbstmarketing ein Muss (»need to have«)? Warum? Aufgrund welcher Kriterien? Welche Ziele meinen Sie, mit dieser Person oder Personengruppe erreichen zu können?
- Welche Personengruppe ist ein Kann (»nice to have«)? Warum? Aufgrund welcher Kriterien? Welche Ziele meinen Sie, mit dieser Person oder Personengruppe erreichen zu können?

Selbstmarketing hat nichts mit natürlicher Kommunikation zu tun. Sie ist zielgerichtet und dient einem bestimmten Zweck. Die Frage nach Kernzielgruppen und Priorität ist auch eine Frage danach, für wen sich der Einsatz von Selbstmarketing lohnt (einige Beispiele: Kunden, Angehörige, Zuweiser, PDL, Ärzte, Bewerber, Mitarbeiter, Team). Welche Personengruppe sollte wissen, was Sie bieten? Für welche Personengruppe möchten Sie ein »need to have« sein? Was haben Sie selbst von dem Krafteinsatz?

Petra Berger, 34, ist auf ihrer Position schon länger und möchte sich entwickeln. Sie definiert ihr Selbstmarketingziel für die nächsten vier Monate als »eigene berufliche Entwicklung«. Als »A-Kunden« benennt sie die Vorgesetzten über zwei Ebenen, also wichtige bestehende Kontakte für ihre Karriere. »B-Kunden« sind für sie in dieser Zeit Kontakte, die nicht direkt in einer Verbindung zu ihrer Entwicklung stehen, die sie aber aktiv pflegen will. C-Kunden sind ihre Kolleginnen und Kollegen – sie arbeitet gern auf ihrer Position und möchte hier niemanden verprellen.

Jeder Berufsalltag, jede berufliche Zielsetzung erfordert, dass einzelnen Menschen oder Menschengruppen Priorität eingeräumt wird. Abgestimmt auf den Arbeitsauftrag, den man hat, richtet man sein Handeln und Planen auf diese »Kunden« aus – mehr als auf andere. Im Marketing unterscheidet man nach A-, B- und C-Kunden (hier ist z. B. ein Kriterium die Umsatzhöhe).

😊 Übung

Die folgende Anwendung gelingt Ihnen leichter, wenn Sie in ▶ Abschn. 3.2 Ihr Ziel für Ihr nächstes Selbstmarketing definiert haben. Wer hat für Sie Priorität? Und warum? Fragen Sie sich: Wer hat für Sie – innerhalb Ihrer Arbeit und im Rahmen Ihrer Zielsetzung – Bedeutung? Wer sollte wissen, wer Sie sind und was Sie leisten? Was wollen Sie mit ihm erzielen? Sie können diese Übung auf sich oder Ihr Team beziehen, ganz wie es Ihnen sinnvoll erscheint (◼ Tab. 6.1).

◼ **Tab. 6.1** Ihr Ziel beim Selbstmarketing

	Wer hat warum Bedeutung bei Ihrem Selbstmarketing? Wer ist das genau? Was zeichnet diese Gruppe oder diesen einzelnen Menschen aus? Was ist an dieser Gruppe oder an diesem Menschen für Sie besonders wichtig?
A-Kunde = 1. Priorität	
B-Kunde = 2. Priorität	
C-Kunde = 3. Priorität	

6.3 Ansprache vorbereiten

Jetzt wissen Sie, wen Sie erreichen wollen. Sie sind in Ihrem Job Kommunikationsprofi. Sie können auch an hektischen Tagen freundlich und professionell bleiben. Vielen Menschen ist aber nicht bewusst, dass sie mit ihren kommunikativen Fähigkeiten auch dazu beitragen können, dass ihre Botschaft in eigener Sache ankommt und gehört wird. Ihnen mag das methodische Vorgehen für eine Weile hilfreich sein.

Alles, was wir mal unbewusst gut gemacht haben und was wir jetzt bewusster betrachten, wirkt zunächst hölzern. Wir können es

Abb. 6.1 Am Gegenüber orientiert kommunizieren: so nicht!

nach wie vor, aber weil wir uns selbst dabei beobachten, verlieren wir das Automatische, Selbstverständliche. Schade? Ja, schade. Trotzdem ist dieses Vorgehen der einzige Weg, Gewohnheiten zu durchbrechen.

Sie gehören zu denen, die sich schnell zu Wort melden und an die sich jeder erinnert? Man meldet Ihnen zurück, dass sie nicht richtig zuhören, zu schnell sind, nicht gründlich, zwar lebhaft, aber nicht auf den anderen ausgerichtet (Abb. 6.1)? Und Sie wollen eigentlich ab sofort auch den anderen berücksichtigen, z. B. eine Kollegin, die manches einfach besser macht als Sie?

Oder gehören Sie zu denen, die fachlich brillant sind, die sich aber nicht richtig zur Geltung bringen und klein bei geben, wenn es darum geht, für eine kranke Kollegin an Ihrem freien Tag einzuspringen? Man meldet Ihnen zurück, Sie sollten mal endlich sagen, worum es Ihnen geht, Ihre Meinung sei gefragt, aber Sie schaffen es einfach nicht, sich zu äußern und sich durchzusetzen.

Dann gewöhnen Sie sich an, Ihre »Rede«, Ihre Kontaktaufnahme vorher vorzubereiten. Sie können einer professionellen Präsentation Ihres Anliegens, einer sinnvollen Argumentation und einer starken Haltung den Weg ebnen, wenn Sie sich vorab überlegt haben, worum es Ihnen geht und wem Sie begegnen. Je nach Temperament (eher extrovertiert oder introvertiert), gilt es, den eigenen Standpunkt zu finden oder/und sich ein stückweit in den anderen

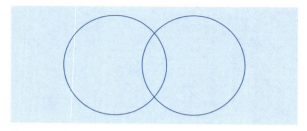

◘ Abb. 6.2 Die Qualität der Arbeit und Verständigung nimmt zu, wenn wir die gemeinsame Schnittmenge vergrößern

hineinzuversetzen. Wenn es gelingt, die Schnittmenge mit dem Gegenüber zu vergrößern, gelingt Selbstmarketing.

Was wissen wir wirklich?

Das Problem: Wir arbeiten in Kontexten, in denen wir meinen, unsere Kunden gut zu kennen. Vorbereiten können wir unseren eigenen Standpunkt. Etwas über den anderen herauszufinden, ist meist eine Sache der Hypothesenbildung, etwa »*Mein Chef hat anderes zu tun, als mit mir zu sprechen.*« (Hypothese: Er hat keine Zeit), »*Meine Kollegin guckt immer so gehetzt, wenn ich sie auf unsere Arbeitsorganisation anspreche.*« (Hypothese: Sie hat an solchen Gesprächen kein Interesse)… Den Wahrheitsgehalt dieser Hypothesen zu überprüfen ist mühsam und erfordert Offenheit.

Ideal wäre es, wir würden so zusammenarbeiten oder solche Gespräche führen, dass die Schnittmenge unserer Interessen und Bemühungen sich vergrößert (◘ Abb. 6.2). Oft ist es in lang bestehenden Arbeitskonstellationen aber so, dass wir uns angewöhnt haben, eine Lücke zwischen uns zu lassen (◘ Abb. 6.3). Wir meinen dann, wir würden in Ruhe nebeneinander her arbeiten. Oftmals ist das so. Die Erfahrung zeigt aber, dass durch diese Lücke in Stressphasen die Qualität abnimmt, weil z. B. Ihre Kollegin fälschlicherweise annimmt, Sie würden »das« erledigen. Oder Ihre Vorgesetzte spricht Sie gar nicht mehr an, weil sie weiß, dass Sie in solchen Pha-

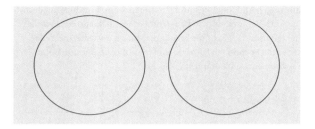

Abb. 6.3 Die Qualität der Arbeit und Verständigung nimmt ab, wenn wir die Schnittmenge vermeiden

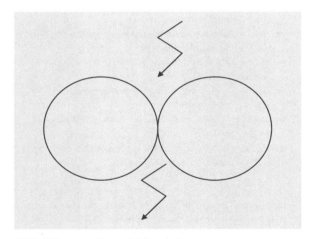

Abb. 6.4 Begegnung kann auch Reibung bedeuten

sen an die Decke gehen – gibt Ihnen aber durch dieses freundlich gemeinte Unterlassen keine Möglichkeit zum Feedback und Weiterentwickeln. Und wir vermeiden oftmals, an alten In-Ruh-Lass-Gewohnheiten, an Gaps, etwas zu ändern, weil Begegnung an diesen Stellen ungewohnt und nicht eingespielt ist und zunächst zu

Störungen und Reibungspunkten führen kann. Konflikte gehören zum Leben – wer einmal die Furcht vor Streitsituationen verloren hat, gewinnt vielleicht die Freude an Reibungswärme, die in der richtigen Portion vitalisierend und im positiven Sinne erkenntnisreich sein kann (◘ Abb. 6.4; ► Kap. 7).

> ### 😊 Übung
>
> Denken Sie an ein Gespräch, das Sie demnächst im Sinne Ihres neu gewonnenen Selbstmarketings führen werden. Folgende Fragen können Ihnen bei der Vorbereitung helfen.
> - Welche Infos haben Sie? Wo haben Sie Kenntnislücken und müssen sich noch informieren?
> - Welcher Zeitpunkt ist für das Gespräch geeignet? Möchten Sie es ankündigen?
> - Welche Interessen verfolgen Sie? Worum geht es Ihnen? Was hat Priorität?
> - Welche Alternativen und Möglichkeiten haben Sie? Wie beurteilen Sie sie?
> - Was ist Ihr Ziel? (Auch: Was ist Ihr Auftrag? Und was soll Ihr Ziel sein?)
> - Was können Sie präsentieren? Welche Argumente haben Sie? Wie lauten Ihre Kernbotschaften?
>
> Überlegen Sie sich ähnliche Punkte zu Ihrem Gesprächspartner oder der Gruppe, die Sie ansprechen. Bedenken Sie, dass viele Punkte Hypothesen sind, also zumeist Annahmen und Erwartungen.
> - Welche Interessen mag Ihr Gegenüber verfolgen? Worum geht es ihm wohl? Was braucht/will/wünscht er von Ihnen?
> - Welche Alternativen mag Ihr Gegenüber haben?
> - Was können Sie geben, was ihm nützlich ist?
> - Welche gemeinsamen oder entgegen gesetzten Interessen könnten bestehen?

6.4 Die Techniken nutzen wie ein Profi

Mit dem Wissen aus den vorangegangenen Kapiteln sind Sie auf der Zielgeraden zum Profi in eigener Sache. Sie kennen Ihre Stärken (▶ Abschn. 3.1), die Sie ins Spiel bringen können. Sie haben ein Ziel, das Sie »bewerben« wollen – für sich, im Dienste Ihres Teams, Ihres Hauses o. a. (▶ Abschn. 3.2), und Sie haben erste Botschaften formuliert, die Ihr Anliegen kurz und prägnant in Worte fassen (▶ Abschn. 3.3). Sie können Kernbotschaften systematisch und an Ihrem Alltag orientiert loswerden (▶ Kap. 4) und haben sich auf Ihre kommunikativen Kompetenzen besonnen (▶ Kap. 5). Sie wissen, wen Sie ins Visier nehmen (▶ Abschn. 6.1), und Sie wissen auch, in welchem Kontext diese Kundengruppe für Sie wichtig ist (▶ Abschn. 6.2) und was Sie beide zusammenführen könnte (▶ Abschn. 6.3).

Anna Elvers, 27, hat auf ihrer Prioritätenliste ihre Vorgesetzte als A-Kundin notiert. Sie ist zurzeit mit ihrer Arbeitsorganisation nicht zufrieden. Das Problem kann sie nicht allein mit ihren Kollegen lösen, auch wenn sie das lange als ihren Arbeitsauftrag gesehen hat. Es sind strukturelle Fragen zu klären, und da ist ihre Vorgesetzte gefragt. Ihre Botschaft lautet: »*Ich arbeite hier gern und gut. Die Arbeitsorganisation gelingt zurzeit nicht, und das Team kann das nicht allein lösen. Um gut zu arbeiten, brauche ich Sie, damit Sie in Ihrer Funktion die Struktur für gute Arbeit schaffen.*«

Das Team auf Station 1 hat eine Zeit voller Veränderungen hinter sich. Aber sie haben zusammengehalten nach dem Motto »Eine Hand wäscht die andere«. Ihre Kooperation untereinander und ihre professionelle Leistung machen sie stolz. Ihre A-Kundengruppe sind die Ärzte auf Station, da die Arbeit zum Wohl des Patienten nur gelingt, wenn alle Beteiligten an einem Strang ziehen. Das Team beschließt, für sein Motto bei den Ärzten zu werben: »*Eine Hand wäscht die andere. Das funktioniert nur, wenn Sie (wie auch wir)*

▼

aktiv Infos austauschen und die Kollegen auf allen Hierarchieebenen aktiv wertschätzen.« Ihre B-Kundengruppe ist übrigens das ganze Haus. Die Botschaft ist eher nonverbal – das Team hat eine Kultur des Miteinanders entwickelt, die sich durch positive Bemerkungen über Kolleginnen und Kollegen ebenso äußert wie durch zufriedene Patienten, die das auf Feedbackbögen rückmelden.

Mit einer Kernbotschaft bestimmen Sie selbst, was wichtig an Ihnen, an Ihrer Leistung ist. Im Produktmanagement benennt man mit drei bis fünf USP (»unique selling propositions/points«) bzw. UCVP (»unique customers value propositions/points«) – deutsch: mit herausragenden Leistungsmerkmalen – das Besondere des Produkts oder der Marke, das oder die Sie anbieten. Im Mittelpunkt steht hier der Nutzen des »Kunden«. Sobald Sie analysiert und fest-

Tab. 6.2 Ziele und Botschaft

	Ihr Ziel beim Selbstmarketing: … Wer hat warum Bedeutung bei Ihrem Selbstmarketing? Wer ist das genau? Was zeichnet diese Gruppe oder diesen einzelnen Menschen aus? Was ist an dieser Gruppe oder an diesem Menschen für Sie besonders wichtig?	Welche Botschaft haben Sie an diesen Menschen, diese Gruppe? Wie machen Sie Ihre Leistung für sie sichtbar, von Nutzen und damit wertvoll?
A-Kunde	_____	_____
B-Kunde	_____	_____
C-Kunde	_____	_____

gelegt haben, welche Ziel- oder Kundengruppe warum Priorität für Sie hat, formulieren Sie Ihre Botschaft an diese Gruppe (◘ Tab. 6.2). Es kann sein, dass die Kernaussage dabei gleich bleibt, es kann auch sein, dass eine winzige Anpassung nötig ist – seien Sie konkret. Das hilft Ihnen, auch in Stresssituationen in eigener Sache tätig zu werden.

Fazit

Machen Sie einen Sport daraus, Informationen über die Menschen zu sammeln, die wichtig für Ihre Imagebildung sind. Wissen Sie einmal, wer warum wichtig für Sie ist, können Sie Kontakte authentisch und locker gestalten oder ganz so, wie es Ihre Art ist. Nutzen Sie Begegnungen im Alltag für (vorbereitete) Gespräche, in denen Sie Ihre Infos so vermitteln, dass der andere gleich weiß: »*Das brauche ich, das ist wichtig, das/den/die merke ich mir.*« Hat Ihr Gegenüber gar einen weiteren, für Sie nützlichen Kontakt zu vermitteln? Fragen Sie, hören Sie zu, haken Sie nach, sofern möglich und angemessen. Ziel: weitere Infos in eigener Sache sammeln. Auch die Profis wissen: Ein zufriedener Kunde bringt neue Kunden – er wird sozusagen freiwillig zum Mittler Ihrer Botschaften.

Selbstmarketing als Ressource in Konflikten und Verhandlungen

Was Sie in diesem Kapitel erwartet

Viele Menschen scheuen beruflich und privat Konflikte und Verhandlungssituationen. In diesem Kapitel erfahren Sie, dass es auch in diesen besonderen Formen des Miteinanders um Interessensausgleich und Verständigung geht. Das Konzept des Selbstmarketings kann Ihnen helfen, Ihre Interessen auch in Konflikt- und Verhandlungssituationen zu präsentieren und – sofern möglich – Ihrem Gegenüber aufmerksam zu begegnen.

Selbstmarketing ist ein starkes Instrument, um einerseits die eigenen Interessen zu klären und um andererseits zu prüfen, ob und wie die Verständigung klappt und ob und wie man den anderen erreicht. Nicht immer ist die Zwei-Wege-Kommunikation das oberste Ziel (▶ Abschn. 2.3). Und nicht immer ist eine Win-win-Situation etwas, das man realistisch erreichen kann. Im Selbstmarketing geht es immer darum, Interessen ins Spiel zu bringen. In den ersten 6 Kapiteln galt die Einladung Ihnen, Ihrem Team, Ihrem Berufsstand …, sich ins Gespräch zu bringen, an Ihrem Image zu feilen und es nicht bei guter Arbeit zu belassen. Jetzt geht es um die Situationen, in denen naturgemäß damit zu rechnen ist, dass es um verschiedene Interessen geht, die es auszugleichen gilt: Konflikte und Verhandlungen. Dabei werden im Rahmen dieses kleinen Buches nicht beide Themen erschöpfend behandelt; Sie erfahren, wie Sie in Konflikten und in Verhandlungen Ihre Vorarbeit und Erfahrung aus Ihrer bisherigen Lektüre nutzen können.

7.1 Marke »Ich« im Konfliktmanagement

Konflikte sind so vielfältig wie es Menschen und Situationen gibt. Wie ist das bei Ihnen und Ihrer Arbeit? Läuft bei Ihnen das immer gleiche Muster ab, das Sie verstehen, aber nicht ändern können? Betrifft das bestimmte Personen, mit denen die Chemie nicht stimmt? Betrifft das Aufgaben, denen Sie sich nicht gewachsen fühlen?

Wir können davon ausgehen, dass im Alltag 5–10% der Konflikte einfach geschehen und auch nicht zu ändern sind. Es ist eine kluge Strategie, mit ihnen zu leben und sich darum zu bemühen, dass alle Beteiligten ihr Gesicht wahren. Auch kann es klug sein, diese Situationen anschließend zu analysieren und zu überlegen, was denn da eigentlich passiert ist. Zu diesen Situationen, die man am liebsten aus der Agenda streichen würde, gehören auch Kontakte mit schwierigen Gesprächspartnern, bei denen ärgern zwecklos ist – Sie können noch so viel Durchsetzung, Rhetorik, Stimmbildung trainieren, die »fiese« Maske mancher Menschen bringen Sie sich nicht bei. Leben Sie damit.

Andere Konflikte zeigen sich in einer Art, die ganz normal ist, die wir aber trotzdem nicht mögen. »Streiten will gelernt sein« – einer solchen Aufforderung folgen nur wenige Menschen bereitwillig. Auch das Wort »Streitkultur« vermeiden viele Menschen so beflissen, dass sie die Einladung darin nicht erkennen.

> **😊 Übung**
>
> Überlegen Sie zwei oder drei typische Konflikte in Ihrem Berufsalltag, die immer mal wieder auftreten. Wenn Sie sie klar vor Augen haben, fragen Sie sich:
> - Wie sehr brauchen Sie im Kontakt Harmonie?
> - Was genau tun Sie, wenn ein Konflikt »droht«?
> - Was sagen Sie in Konflikten?
>
> ▼

- Gehen Sie aktiv mit Konflikten um? Wenn ja, was tun Sie dann?
- Ist Ihnen bewusst, wie viel »Macht« Sie in Konflikten haben?
- Welche Macht haben Sie zur Durchsetzung Ihrer Interessen?
- Behalten Sie im Konflikt Ihre Ziele im Auge?
- Was bekommen Sie in Reibungssituationen vom anderen mit?
- Haben Sie Schutzstrategien bei unfairen Gesprächspartnern?
- …

In einem Konflikt im Job geht es selten um Ihre Person. Viel eher geht es um Interessen- oder Bewertungskonflikte. Hier hilft es, sich auf die professionelle Rolle und den Arbeitsauftrag zu besinnen (▶ Abschn. 3.3, ▶ Abschn. 6.1). Wenn Sie wissen, was Ihr Hauptziel in Ihrem Handeln ist und womit Sie »sichtbar« sein wollen, gelingt es Ihnen auch bei Reibung, bei klaren Botschaften zu bleiben (▶ Abschn. 3.2, ▶ Abschn. 3.3, ◘ Abb. 3.1). Und: Wenn Sie sich Ihren Standpunkt eingestehen, können Sie auch Ihrem Gegenüber einen eigenen Standpunkt zugestehen. Sie müssen ihn nicht teilen (▶ Kap. 6).

Katinka Ehlers, 32, legt sich regelmäßig mit ihrer Kollegin Petra Wolter, 61, an. Für Katinka steht das gute Arbeiten in der Pflegeabteilung an oberster Stelle. Ihr Motto ist: »*Erst die fröhliche Arbeit, dann das private Vergnügen*!« – und damit steht sie für professionelle Altenpflege, so wie sie es gelernt hat. Ihre Kollegin Petra Wolter sieht das anders; sie findet, der Altenpflege wird zu viel aufgebürdet und ihre Kompetenzen werden nicht anerkannt. In ihren vielen Dienstjahren hat sie mühsam gelernt, Nein zu sagen – sie wäre sonst draufgegangen, sagt sie. Erst seit Katinka Ehlers mit
▼

ihrer Kollegin ein längeres Konfliktgespräch geführt hat, weiß sie, was Petra Wolter auf die Palme bringt, und sie beschränkt sich in Stresssituationen jetzt darauf, bei der Sache (und ihrer Kernbotschaft) zu bleiben: Katinka Ehlers will v. a. gute Pflege leisten. Und sie braucht dazu ein Team, in dem jede und jeder andere Stärken hat.

Erlauben Sie sich, in »Friedenszeiten« Ihr Konfliktverhalten zu reflektieren. Dann wird es Ihnen möglich sein, Konflikte mit zu steuern. Ist Ihr Gegenüber unfair? Dann hilft die Beschränkung auf Werbebotschaften. Sehen Sie Chancen für eine Verständigung? Dann hilft die Kontaktpflege – erst »Pacing« (einstellen auf den anderen), dann »Leading« (eigene Interessenvertretung, möglichst in einer Haltung, die beide Seiten gewinnen lässt). Überwinden Sie Ihre Furcht vor Konflikten und wachsen Sie mit der Erfahrung, dass ein Streit nur zeigt, dass Sie und Ihr Gegenüber unterschiedliche Standpunkte haben.

Mit Gelassenheit und einer grundsätzlich wohlwollenden Haltung, zudem mit einem klaren Blick dafür, was Ihr Job ist und was man von Ihnen erwarten darf, eröffnen sich ungeahnte Wege (◘ Abb. 7.1).

◘ Abb. 7.1 Entwickeln Sie den Mut, Sie selbst zu sein

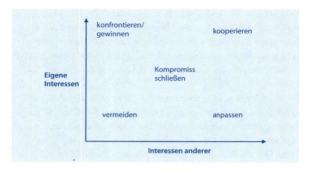

Abb. 7.2 Verhaltensstile in Aktion und/oder im Konflikt

Verschiedene Aktionsstile

Jeder Mensch hat unterschiedliche Muster dafür, wie er sich in bestimmten Situationen verhält. Das ist zwar eine Binsenweisheit, wir vergessen sie aber, wenn es heiß her geht, wir uns angegriffen, erniedrigt, verletzt fühlen. Je nachdem, was wir gelernt haben oder richtig finden, widmen wir uns im Alltag und besonders in Konflikten primär unseren Interessen *oder* denen der anderen – es gibt einige Zwischenformen ([17][24]; Abb. 7.2).

- Angenommen, Sie zählen sich zu den Menschen, die im Konflikt erst einmal versuchen, einen **Kompromiss** herzustellen – dann würden Sie sich in Abb. 7.2 in der Mitte der Abbildung einordnen: Sie haben die eigenen Interessen ebenso im Auge wie die der anderen.
- Es gibt Menschen, die **vermeiden** Streit in einem solchen Maße, dass sie weder ihren eigenen Interessen noch denen anderer dienlich sind. Arbeitet man mit solchen Menschen zusammen, sind sie lange Zeit angenehm, aber irgendwann nerven sie, weil man nicht weiß, wo sie stehen.
- Menschen, die sich spontan **anpassen**, wirken auch lange angenehm, v. a. für den anderen, aber bei ihnen erlebt man in regelmäßigen Abständen einen empörten Aufschrei, man würde

sie nicht zur Kenntnis nehmen, keiner interessiere sich für sie. Das ist natürlich dann ein Konflikt der besonderen Sorte: Diese Menschen müssen erst einen Weg aus ihrer Anpassungsfalle finden, bevor sie langsam Schritte entwickeln können, ihre Interessen angemessen zu vertreten.
- Es gibt aber auch Menschen, die sich immer durchsetzen – zunächst ernten sie durchaus Anerkennung, weil sie in Situationen **gewinnen** und auch mal für das Team Kohlen aus dem Feuer holen. Diese Menschen haben Spaß daran, andere mit ihren Interessen zu konfrontieren und sich mit anderen zu messen. Zufrieden sind sie, wenn sie gewinnen. Nutzen Menschen diese Fähigkeit im Sinne einer Sache oder für ein Team, haben sie die hohe Kunst der Durchsetzung gelernt – bis sie dort anlangen, sind sie wahrscheinlich oft mit dem Kopf durch die Wand gegangen, haben Feedback nicht gehört oder gewürdigt, haben andere übervorteilt.

Übrigens Achtung beim **Kompromiss schließen**. Um einen Kompromiss nachhaltig zu schließen, muss man aufmerksam sein und wirklich prüfen, ob die Interessen halbwegs ausgeglichen sind. Einigt man sich z. B. auf etwas und wundert sich dann, dass es nicht eingehalten wird, kann man davon ausgehen, dass man einen faulen Kompromiss geschlossen hat – er war, aus welchem Grund auch immer, zum Nachteil eines Beteiligten. **Kooperieren** ist am Ende die reife Form des guten Kompromisses. Die eigenen Interessen und die der anderen sind in einem Höchstmaß berücksichtigt worden.

Eine Kollegin beschreibt z. B. einen Streit mit ihrer Kollegin und empört sich: »*Also ich will eine Win-win-Situation, aber sie zieht mich über den Tisch.*« Kooperieren können wir nicht allein und kooperieren wird auch nicht dadurch besser, dass wir den Schuldigen benennen, der ausschert. Kooperation gelingt, wenn alle Beteiligten wissen, wo sie stehen, das auch zum Ausdruck bringen können und gleichzeitig ihre Interessen nicht über die Interessen der anderen stellen. Am Ende steht sozusagen ein gelungenes Zwei-Wege-Selbstmarketing.

Verschiedene Kommunikationsstile

In stressigen Auseinandersetzungen ist es wichtig, noch genauer darauf zu achten, dass Sie das, was Sie sagen möchten, deutlich und verständlich sagen, und dass Sie darauf achten, ob der »Empfänger« beim anderen auf »on« steht (◘ Abb. 5.1). In einem Streit müssen Sie noch mehr als sonst die Verantwortung dafür mittragen, dass die Verständigung gelingt. Hand aufs Herz: Das gelingt nur, wenn Sie den Austausch dann auch wirklich wollen und Ihren Teil dazu beizutragen bereit sind.

Karel Thomas, 37, ist neuer Stationsleiter. Er wollte sich weiterentwickeln und so hat er eine Vakanz auf einer Station genutzt, obwohl die Station bekanntermaßen zerstritten ist. Prinzipiell mag man sich. Aber es geht drunter und drüber. Die Arbeitsorganisation hinkt, weil sie zwar besprochen ist, jeder aber an irgendeiner Stelle eine Ausnahme für sich macht. Der Krankenstand ist hoch. Karel Thomas setzt auf klare Kommunikationsregeln. Er erarbeitet mit seinem Team Regeln im Miteinander, die so einfach und klar sind, dass jeder sie für sich einfordern kann. Er lässt sich mit dem Regelwerk Zeit, hört zu, fragt nach, spiegelt zurück, was er nicht versteht. Am Ende erwartet er eine aktive Zustimmung aller Beteiligten – und ab da ahndet er Verstöße … und erkennt Fortschritte im Miteinander an. Sein erklärtes Ziel ist die Effizienz seiner Station. Er will seine Leute zu dem Motto führen: »*Ihre Leistung ist gut. Gemeinsam sind wir ein super Team!*« – ein Motto, auf das schon einige Monate später die Mehrheit stolz ist.

Konfliktverhalten ist also auch eine Frage der professionellen Kommunikation. Wenn jemand partout nicht kooperieren will, hilft auch die größte Zugewandtheit und Fairness nichts. Allerdings muss ich prüfen, ob dem wirklich so ist. Ist die Überlegenheit nur vorgetäuscht? Spielt mein Anliegen für ihn eine Rolle? Machen Sie die »Kundenanalyse« (► Kap. 6) so zu Ihrem Handwerkszeug, dass Sie spontan identifizieren zu können, ob die Zusammenarbeit mit jemandem möglich ist. Streiten kostet Energie – und so sollten Sie sich auch bei diesem Thema, sofern möglich, selbst entscheiden, ob sich der Streit für Sie lohnt oder Sie eine andere Lösung finden.

7.2 Marke »Ich« in der Verhandlungsführung

Sind Sie nicht in einer Position, in der Verhandeln zu Ihrem Arbeitsauftrag gehört, werden Sie wie viele Ihrer Kolleginnen und Kollegen eher eine Scheu vor diesen Situationen haben. Das ist ganz normal. Um Ihr Gehalt verhandeln Sie selten – deshalb ist Ihnen die Situation weit weniger geläufig als Ihrem Chef.

Verhandeln ist ein Interessensausgleich, für den zunächst einmal Ihr gesunder Menschenverstand ausreicht. Auch wenn es auf den ersten Blick nicht so aussieht: Sie verhandeln ständig: Mit Ihrer Tochter, dass Schlafenszeit ist. Mit Ihrem Kollegen, wer die Feiertagsschicht übernimmt. Mit dem Arzt, der seinen Eintrag im Kardex vergessen hat.

Während Verhandeln um Gehalt zum klassischen Verhandeln gehört, zählen die meisten der letztgenannten Beispiele eher zum großen Themenkomplex »sich durchsetzen«. Wir scheuen uns dann vor »Verhandlungen«, wenn wir meinen, uns nicht durchsetzen zu können, oder wenn wir dem anderen unterstellen, er würde nur an den eigenen Vorteil denken (◘ Abb. 7.3).

◘ Abb. 7.3 Verhandeln: so nicht!

> **😊 Übung**
>
> Machen Sie sich klar, wie viel Kraft, Macht, Power Sie kontextbezogen haben: Je mehr »Macht«, umso besser können Sie Botschaften setzen (Selbstmarketing »machen«), sich durchsetzen, erfolgreich im Interessenausgleich sein. Gehen Sie die folgende Liste in Gedanken durch, und überlegen Sie, welche der folgenden Stärken Sie als »Machtquellen« mitbringen oder entwickeln können:
> - Fachwissen,
> - ausreichende Informationen über Fakten und/oder Leute,
> - Genauigkeit der vorhandenen Informationen (Fakten, nicht Hypothesen),
> - kommunikative Kompetenz,
> - Persönlichkeit,
> - Ausstrahlung,
> - professionelles Auftreten,
> - methodisches Vorgehen,
> - optimale Vorbereitung (z. B. auf Arbeitsabläufe, auf Gespräche),
> - Alternativen (z. B. zu Dienstplänen, Arbeitsplatz, Verhaltensweisen),
> - Entscheidungskompetenz (im Rahmen der eigenen Möglichkeiten),
> - professionelles Zeitmanagement,
> - vertraute Umgebung (z. B. ein Gespräch findet an einem Ort statt, der Ihnen vertraut ist),
> - …

Es gibt bei der Bestimmung der eigenen Durchsetzungsfähigkeit kein »richtig« oder »falsch«. Finden Sie heraus, wo Sie gut sind (▶ Abschn. 3.1). Würdigen Sie »Machtquellen«, die Sie vielleicht bis heute als selbstverständlich angesehen haben, aber nicht als Ihre Stärke erkannt haben. Wenn Sie mögen, greifen Sie sich etwas heraus, das Sie noch nicht entwickelt haben, z. B. ein professionelles Auftreten, und besuchen Sie einen Präsentationskurs oder lernen Sie Reiten oder Ballett, um eine aufrechte, kraftvolle Haltung zu entwickeln. Alles, was Sie für sich tun, wird Sie sichtbarer und damit durchsetzungsstärker machen.

Sich mit anderen vergleichen

Gehören Sie zu denen, die sich in ◘ Abb. 7.2 bei den Gewinnertypen sehen – dann nur zu: Vergleichen Sie sich mit anderen und lassen Sie sich durch den Wettkampf beflügeln. Für viele andere gilt: Vergleichen Sie sich doch mal zur Abwechslung nicht mit anderen. Definieren Sie selbst, um was es Ihnen geht, für was Sie einstehen können, womit Sie für andere sichtbar und streitbar sein wollen und können. Diese Selbsterlaubnis und Selbsterkenntnis ist absolute Grundvoraussetzung dafür, dass Sie für Ihre Interessen eintreten und sie durchsetzen können. Die Scheu vor dem vermeintlich stärkeren Gegenüber ist zum großen Teil unbegründet. Jeder durchsetzungsstarke Mensch, mit dem Sie zusammenarbeiten, sei es ein Kollege, Vorgesetzter oder wer auch immer, wird wissen, dass er Sie nicht auf seine Seite bringt, wenn er sich Ihnen gegenüber unfair verhält.

Der Königsweg: kooperativ Verhandeln

Wie reagieren Sie, wenn es spontan etwas auszuhandeln gibt? Verfügen Sie über ein Modell erfolgreichen Verhandelns? Was lernen Sie ggf. aus dem Gefühl, über den Tisch gezogen worden zu sein? Was tun Sie, wenn Ihr Verhandlungspartner offensichtlich nur am eigenen Vorteil interessiert ist? Beim Modell des kooperativen Verhandelns nach Harvard [6] zielt man die größtmögliche Zustimmung aller Beteiligten an. Dass das geht, zeigt der Erfolg dieser Methode selbst in verfahrenen internationalen Situationen. Die Methode umzusetzen, ist eine Übung für Fortgeschrittene. In dem 6-Schritte-Programm tauchen einige Aspekte auf, die sich Ihnen als fortgeschrittenem Selbstmarketingeperten leicht erschließen werden:

1. Wichtig ist eine gute Vorbereitung. Überlegen Sie, worum es Ihnen geht, wo Sie Kompromisse schließen können, welche Alternativen Sie haben, wo Sie hart in der Sache bleiben müssen, wie Sie vorgehen wollen. Überlegen Sie hypothetisch das Gleiche für die anderen Beteiligten.
2. Nach dem Gesprächseinstieg widmen Sie sich allen Beteiligten. Zeigen Sie sich gegenseitig, dass Sie sich würdigen und respektieren.
3. Einigen Sie sich auf die Struktur. Wie lange haben Sie Zeit? Welches Thema führt Sie zusammen? Wollen Sie mit einer Ideensammlung oder mit einem Beschluss auseinandergehen? In welche Gesamtstruktur ist dieses Gespräch eingebunden?
4. Machen Sie eine Bestandsaufnahme: Worum geht es Ihnen und den anderen Beteiligten der Sache nach? Achtung: Hier geht es nicht um eine Diskussion, sondern um ein klares Verständnis. Haben Sie den anderen verstanden? Möchten Sie nachfragen? Haben Sie den Eindruck, der andere hat Sie verstanden? Möchten Sie nachfragen? Brauchen Sie noch Informationen?
5. Erst im nächsten Schritt wird überlegt und diskutiert, was gemeinsam denkbar ist. Hier geht es um das Erreichen einer Schnittmenge, um eine Lösung, die alle Beteiligten als gerecht empfinden und nachhaltig mittragen können.
6. Ist Schritt 5 gelungen, wird das Ergebnis festgehalten.

Klingt das für Sie plausibel? Oder kannten Sie das Programm schon? Achtung: Wir meinen oft, Punkt 5 sei gleichbedeutend mit der »Verhandlung«. In der Regel überspringen wir Punkt 2 und 3, vermischen Punkt 4 und 5 und halten am Ende etwas fest, womit die Beteiligten zunächst zufrieden sind, aber später merken, dass ihre wesentlichen Punkte nicht berücksichtigt werden.

Im Gesundheitsbereich arbeiten Sie in einem Bereich, in dem Sie Verantwortung für den Patienten mittragen. Weder Sie noch Ihr Team noch Ihr Haus hat Interesse daran, dass Sie unzufrieden sind und nach einer Weile Ihre Einsatzfreude verlieren, weil Sie z. B. zu häufig Situationen erlebt haben, in denen Sie Ihre Interessen nicht gut vertreten haben und sich alle Beteiligten auf eine Lösung geeinigt haben, die sich als wenig nachhaltiger Kompromiss entpuppte. Überlassen Sie das gute Verhandlungsergebnis nicht anderen Menschen – mischen Sie mit.

Nennen Sie es, wie Sie wollen, aber tun Sie es
»Selbstmarketing« ist ein Wort, für das Sie gut und gern andere Begriffe finden können. Als Methode wird es in diesem Buch bewusst in die Nähe zu Produkten gerückt, die Sie reizvoll finden, die Ihnen sofort bekannt sind, die Ihnen wertvoll sind – nehmen Sie diese Nähe als Motivationsschlüssel, die Tür zur eigenen Öffentlichkeit selbst aufzuschließen. Üben Sie, für andere sichtbar zu sein und Ihre Interessen zu vertreten. Das gilt auch für Verhandlungen und Situationen, die Sie für sich entscheiden wollen.

Sie können in harmlosen Situationen im Alltag beginnen zu verhandeln. Machen Sie am Frühstückstisch oder im Schuhgeschäft die Erfahrung, dass es schön und sportlich ist, mit Botschaften sichtbar zu sein. Seien Sie überzeugt von Ihrem Anliegen. Ein Beispiel: Loben Sie die Verkäuferin wegen der guten Schuhauswahl und des guten Services. Wählen Sie dann zwei Paar Schuhe, die Sie nehmen, wenn Sie eine Schuhpflege gratis dazu bekommen. Oder stellen Sie Forderungen, und erreichen Sie am Ende »nur« eine (vorbereitete) Alternative. Ein Beispiel: Bieten Sie dem Blumenverkäufer kurz vor Ladenschluss an, zwei Blumensträuße zu nehmen, wenn Sie für den zweiten nur die Hälfte zahlen. Akzeptieren Sie, wenn er von Ihnen den vollen Preis verlangt, Ihnen aber ein anderes Blumengeschenk obenauf macht, das er Ihnen vorher zeigt.

Das finden Sie lustig? Oder langweilig? Dann machen Sie Ernst und üben Sie, Ihren Arbeitsalltag mit Verhandlungserfolgen zu beleben. Zeigen Sie v. a. sich selbst, dass Sie sich fair zu Wort melden und durchsetzen können.

Fazit
Konflikte und Verhandlungen gehören zum Job. Wir scheuen sie aus diffuser Angst davor, über den Tisch gezogen zu werden oder uns nicht durchsetzen zu können. Stellen Sie sich diesen Situationen, und überlassen Sie die Spielregeln nicht Ihrem Gegenüber. Was Sie in Konflikten oder Verhandlungen erzielen wollen, bestimmen Sie selbst. In Konflikten wie in Verhandlungssituationen geht es dem Grunde nach um Interessensausgleich, der von Respekt und gesundem Menschenverstand lebt. Sie haben beides zu bieten. Setzen Sie Ihre Empathie ein, um den anderen als Menschen zu würdigen, seien Sie aber in der Sache »hart« – Letzteres gelingt, wenn Sie Ihre Kernbotschaften zielgruppengerecht parat haben. Nicht als Parolen, sondern als vitale Botschaften.

Ihr Nutzen: zusammengefasst

Was Sie in diesem Kapitel erwartet

In sieben Kapiteln haben Sie erfahren, wie Selbstmarketing für Ihren Berufsstand zur Markenbildung beitragen kann. Sie konnten dieses Buch nicht nur lesen, Sie konnten es auch nutzen: als Schlüssel zur Selbstfürsorge, als Stärkung einer Teamkultur, als Startschuss für Ihre Imagebildung.

Selbstfürsorge

Herausforderung und Leistung im Job können Spaß machen. Und Selbstmarketing kann das verstärken: Werden Sie mit Ihrer Leistung und Person sichtbar. Machen Sie sich aber gleichzeitig von der Anerkennung anderer und von Leistungsanreizen unabhängiger. Nutzen Sie die Methode des Selbstmarketings als Selbstfürsorge-Tool, indem Sie Wege finden, sich selbst zu loben und wertzuschätzen. Selbstmarketing kann auch Selbstschutz bedeuten, indem Sie nicht »alles« geben, nicht »Ihre Seele verkaufen«, sondern Ihre Arbeit als definiertes, erkennbares, exzellentes Produkt ins Spiel bringen: nicht mehr, aber auch nicht weniger. Bringen Sie Leistung, aber steuern Sie Ihren Einsatz achtsam und aktiv (Abb. 8.1).

Gemeinsamkeit

Für Ihr Team ist Selbstmarketing eine tolle Ressource. Sie können mit dieser Methode z. B. das Einzelkämpfersyndrom überwinden und die Freude entwickeln, ein gemeinsames Ziel zu erreichen. Konflikte und Probleme im Team entstehen u. a. dadurch, dass Einzelne nicht abgeben oder nicht »Nein« sagen können. Das kann auf Dauer auslaugen – den Einzelnen ebenso wie das Team. Finden Sie ein gemeinsames Ziel (z. B. ein Leitbild für das Miteinander), und steigern Sie so die Effizienz und die Identifikation im Team. Finden

◘ Abb. 8.1 Seien Sie gut zu sich selbst – achtsam und aktiv

Sie gemeinsame »Kernbotschaften«, z. B. darüber, was Sie für Ihre Kunden/Patienten erreichen wollen und können.

Markenbildung

Der berufliche Erfolg von Gesundheitsberufen wird oft nicht thematisiert, wenn es einem Patienten wieder gut geht? Wenn ein Team wieder »funktioniert«? Sorgen Sie dafür, dass Ihre Arbeit zum Thema wird. Formulieren Sie klare Kernbotschaften über Ihre Leistung, Ihre Exzellenz, Ihren Beitrag zum Erfolg z. B. am Patienten – nehmen Sie Ihren Platz im Geschehen sichtbar ein. Machen Sie Ihre Profession zur unverkennbaren Marke – zu einem »need to have«.

😊 Übung

Üben Sie in ein oder zwei Sätzen zu sagen, wofür Sie stehen (▶ Abschn. 1.2). Stellen Sie sich hin, und sprechen Sie in den Raum, indem Sie die folgenden Satzanfänge vervollständigen:
- *»Ich stehe bei meiner Arbeit für …«*
- *»Bei meiner Arbeit begeistert mich …«*
- (Für Führungskräfte: *»Führung ist für mich …«*)

Fazit
Ziel des Selbstmarketings kann es nicht sein, sich zu verstellen und zu verkaufen. Das würden Sie nicht lange durchhalten. Selbstmarketing wird gelingen – und zwar dauerhaft –, wenn Sie sich Ihres privaten und beruflichen Umfelds, Ihrer Fähigkeiten, Ihres Wissens, Ihres Einsatzes – kurz: Ihrer Persönlichkeit, Ihrem Profil, Ihrer Marke bewusst sind. Arbeiten Sie das heraus, und zeigen Sie sie anderen: zu Ihrem Vorteil und zum Vorteil des Unternehmens.

In aller Kürze

- Definieren Sie selbst, was Selbstmarketing für Sie ist (z. B. Schwerpunkt auf Kontaktpflege, Selbstpräsentation intern, Selbstmarketing auf übergeordneter Ebene). Es gibt dabei kein »richtig« oder »falsch«.
- Reservieren Sie kontinuierlich 5% der Arbeitszeit für Kontaktpflege, Kontaktmanagement, Prioritätensetzen, Markenpflege in eigener Sache. Das garantiert den positiven Effekt des Selbstmarketings: Nicht nur verstehen, sondern auch machen.
- Fangen Sie mit einer Strategie an, die Sie mühelos umsetzen können. Disziplin ist hier sinnvoller als Kreativität oder Aktionismus.
- Seien Sie authentisch, Ihrem Typ entsprechend, präsent, kompetent.
- Was ist Ihre Botschaft? An wen richten Sie Ihre Botschaft? Behalten Sie den »Kunden«, an den Ihre Botschaft gerichtet ist, und seinen Nutzen im Auge. Er ist ein lebendiges Gegenüber und hat – wie Sie – Kontexte, Zwänge und Bedürfnisse.
- Informieren Sie sich umfassend über Ihren »Kunden«. Unterscheiden Sie zwischen Hypothesen und Fakten.
- Kategorisieren Sie Ihre »Kunden«, und führen Sie Buch über Selbstmarketingaktivitäten und -strategie. Das ermöglicht Ihnen Aktionskontrolle (was mache ich?) und Erfolgskontrolle (was bewirke ich?).
- Wenn Sie zwischendurch den Eindruck gewinnen, das funktioniert nicht und Selbstmarketing ist nun mal nichts für Sie, lesen Sie ein gutes Buch, nutzen Sie Ihr Netzwerk, mailen Sie mich an – aber probieren Sie es weiter. Es gibt keinen Clou, kein Geheimrezept – das einzig Wichtige an diesem Thema ist, dass Sie und Ihre Leistung für Ihr Umfeld als »Marke« erkennbar wird – und zwar möglichst auf eine Weise, die Sie selbst steuern.
- Feiern Sie Erfolge. Ruhen Sie sich auf Erfolgen nicht aus – bleiben Sie dran. Die eigenen Stärken professionell zu präsentieren, bleibt in einer sich ständig wandelnden Arbeitswelt ein Dauerthema.

Literatur

[1] Arndt R (2011) Jedes Telefonat ein Erfolg. Junfermann, Paderborn
[2] Banzhaf D (2005) Interview in Börsenblatt, 5/2005, S. 28. MVB, Frankfurt/M
[3] Birbaumer N, Schmidt RF (2010) Biologische Psychologie. Springer, Berlin Heidelberg
[4] DeMarco T, Lister T (2003) Bärentango. Carl Hanser, München
[5] Drucker PF (2007) Alles über Management. Redline, München
[6] Fisher R, Ury WL, Patton B (2009) Das Harvard-Konzept. Der Klassiker der Verhandlungstechnik. Campus, Frankfurt/M
[7] Gay F (2004) Das persolog-Persönlichkeitsprofil. Gabal, Offenbach
[8] Härri M, Schwarz I, Schwarz M (2006) Der Expresso-Coach für Führungskräfte. 111 Coaching-Karten für die Führungspraxis. Eichborn, Frankfurt/M
[9] Hanisch H (2010) Knigge für Beruf und Karriere. Haufe-Lexware, Planegg/München
[10] Kaluza G (2007) Gelassen und sicher im Stress. Springer, Heidelberg Berlin
[11] Klare J (2010) Was bin ich wert? Eine Preisermittlung. Suhrkamp, Berlin
[12] Kollak I (2011) Schreib's auf! Besser dokumentieren in Gesundheitsberufen. Springer, Berlin Heidelberg
[13] Luft J (1993) Einführung in die Gruppendynamik. Fischer, Frankfurt/M
[14] Radecki M (2010) Nein sagen. Die besten Strategien. Haufe-Lexware, Planegg/München
[15] Schirmer T, Hein A (2010) Internet für Späteinsteiger. Franzis, Haar bei München
[16] Schulz von Thun F (1981) Miteinander reden. Rowohlt-Verlag, Reinbek
[17] Schwarz G (2010) Konfliktmanagement. Konflikte erkennen, analysieren, lösen. Gabler, Wiesbaden
[18] O'Connor J, Seymour J (2009) Neurolinguistisches Programmieren: Gelungene Kommunikation und persönliche Entfaltung. VAK, Kirchzarten
[19] Quernheim G (2010) Arbeitgeber Patient. Kundenorientierung in Gesundheitsberufen. Springer, Heidelberg Berlin
[20] Quernheim G (2010) Nicht ärgern – ändern! Raus aus dem Burnout. Springer, Heidelberg Berlin
[21] Quernheim G (2010) Und jetzt Sie! Selbst- und Zeitmanagement in Gesundheitsberufen. Springer, Heidelberg Berlin
[22] Tewes R (2011) Verhandlungssache. Verhandlungsführung in Gesundheitsberufen. Springer, Heidelberg Berlin
[23] Tewes R (2010) »Wie bitte?« Kommunikation in Gesundheitsberufen. Springer, Heidelberg Berlin
[24] Thomas KW (2002) Introduction to conflict management: Improving performance using the TKI. CPP/Consulting Psychologists Press, Palo Alto USA
[25] Will F (2008) Emotionen am Arbeitsplatz. Teamkonflikte erkennen und lösen. Beltz, Weinheim
[26] Watzlawick P, Beavin JH, Jackson DD (2011) Menschliche Kommunikation. Huber, Bern

Stichwortverzeichnis

A

AIDA-Formel 52
Aktionskontrolle 49
Aktionsstile 88
Alleinstellungsmerkmal 33

E

elevator speech 39
Ergebniskontrolle 50
extrovertiert 5, 15

F

Feedback 11, 56
Fragentypen 67
Fremdbild 61

G

Gesprächsführung 67

H

Harvard-Verhandlungsmodell 93
Hypothesen 78

I

Image 17, 21
introvertiert 5, 15

J

Johari-Fenster 61

K

Kernbotschaften 37, 98
– finden 37
– formulieren 42
– Gesprächsführung 67
Kernzielgruppe 71
Kommunikation 11
– nonverbale 53
– professionelle 57
– Stile 90
– Strategie 53
– Wege 59
– zielgerichtete 75
Konflikt
– Analyse 85
– Verhalten 87, 90
– Ziel- 26
Kostenziel 26
Küchenzuruf 39
Kunden 33
– Kategorien 69, 71
– Zielgruppe 83

M

Management by Objectives (MbO) 23
Marke
– »Ich« 14
– entwickeln 4
– Stärken fokussieren 20
Marketing
– Botschaften 35
– eigenes 14

- Kundenkategorien 69
- Pressearbeit 11
- professionelles 7
- Werbung 9

N

need to have 69, 74, 98
nice to have 74
nonverbale Strategien 55

P

Pacing 56, 69, 87
Pressearbeit 11
- Konzepte 12
- Strategien 45
Prioritäten setzen 28

S

Sachziel 26
Schwächen kennen 31
Selbstbild 61
Selbstfürsorge 97
Selbstmarketing
- Gründe 7
- Konfliktressource 84
- Konzepte 12
- Kundenkategorien 76
- Selbstfürsorge 97
- Stärken-Schwächen-Profil 14
- Strategien 44
- Teamressource 97
- Ziele 21
Sender-Empfänger-Modell 57, 58
Smart-Konzept 23

Stärken
- fokussieren 16
- kommunizieren 3
Stärken-Schwächen-Profil 14
- erstellen 18
- Zielsetzung 24

T

Terminziel 26

U

unique customers value points 32, 70, 82
unique selling points 32, 70, 82

V

Verhalten
- extrovertiertes 5, 15
- introvertiertes 5, 15
Verhandlungsführung 91
- kooperative 93
Visionen 21

W

W-Fragen 67
Werbung 9
- Konzepte 12
- Stärken-Schwächen-Profil 15
- Strategien 45
- Ziele 21
Work-Life-Balance 29

Z

Ziele 21
- bestimmen 22
- Dreieck 26
- eigene 4
- Konflikte 26
- Priorität 28
- Smart-Konzept 24

Zielgruppen 71
Zwei-Wege-Kommunikation 84

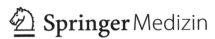 **Springer** Medizin

Top im Gesundheitsjob.
Lesen Sie noch aus dieser Reihe...

G. Quernheim
ISBN 9-783-642-10387-2

S. Möller
ISBN 9-783-642-12672-7

R. Tewes
ISBN 9-783-642-12557-7

J. Borgwart, K. Kolpatzik
ISBN 9-783-642-12622-2

je 9,95 €

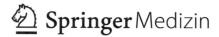

Top im Gesundheitsjob.

Lesen Sie noch aus dieser Reihe...

R. Tewes
ISBN 9-783-642-12555-3

S. Schmidt
ISBN 9-783-642-16967-0

J. Albert
ISBN 9-783-642-16994-6

I. Kollak
ISBN 9-783-642-17238-0

je 9,95 €

Printing: Ten Brink, Meppel, The Netherlands
Binding: Stürtz, Würzburg, Germany

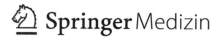

Top im Gesundheitsjob.

Lesen Sie noch aus dieser Reihe...

L. Wehner
ISBN 978-3-642-24928-0

A. Troch
ISBN 978-3-642-24946-4

M. Radecki
ISBN 978-3-642-24930-3

C. M. Zimmer
ISBN 978-3-642-24944-0

je 9,95 €

110648x